여러분의 합격을 응원하는

해커스공무원의 특별 혜택!

FREE

공무원 국어
특강

해커스공무원(gosi.Hackers.com) 접속 후 로그인 ▶ 상단의 [무료강좌] 클릭 ▶
[교재 무료특강] 클릭 후 이용

온라인 단과강의
20% 할인쿠폰

2D95A6CA7873XSRD

해커스공무원(gosi.Hackers.com) 접속 후 로그인 ▶ 상단의 [나의강의실] 클릭 ▶
좌측의 [쿠폰등록] 클릭 ▶ 쿠폰번호 입력 후 이용

* 등록 후 7일간 사용 가능
* ID당 1회에 한해 등록 가능(단과강의에만 적용 가능)

합격예측
모의고사 응시권 +
해설강의 수강권

A388E524747573VJ

해커스공무원(gosi.Hackers.com) 접속 후 로그인 ▶ 상단의 [나의강의실] 클릭 ▶
좌측의 [쿠폰등록] 클릭 ▶ 쿠폰번호 입력 후 이용

* 등록 후 1년간 사용 가능
* ID당 1회에 한해 등록 가능

해커스 매일국어
어플 이용권

XADEYI1C5XTE3KHI

구글플레이/앱스토어에서 [해커스 매일국어] 검색 ▶ 어플 다운로드 ▶
어플 이용 시 노출되는 쿠폰 입력란에 쿠폰번호 입력 후 사용

* 등록 후 1년간 사용 가능
* 해당 자료는 [해커스공무원 국어 기본서] 교재 내용으로 제공되는 자료로, 공무원 시험 대비에 도움이 되는 유용한 자료입니다.
* ID당 1회에 한해 등록 가능

쿠폰 이용 관련 문의 **1588-4055**

해커스공무원

국어

비문학 독해 333

Vol.3

해커스공무원

해커스공무원
gosi.Hackers.com

“매일 독해 문제를 풀고 싶은데 풀 만한 교재가 없네.”

“지문을 아무리 읽어도 무슨 내용인지 모르겠어.”

해커스가 자신 있게 만들었습니다.

매일 비문학 독해 연습을 하고 싶지만 풀 만한 교재가 없어 갈증을 느끼는 수험생 여러분을 위해 30일 동안 비문학 독해를 완벽하게 연습할 수 있는 교재를 만들었습니다.

『해커스공무원 국어 비문학 독해 333 Vol. 3』로 하루 3분 3지문씩 30일 만에 비문학 독해력을 완성할 수 있습니다.

독해력은 하루아침에 생기는 것이 아닙니다. 문제에서 요구하는 바를 파악하고 지문을 정확하게 읽어 내는 연습을 꾸준히 해야 독해 능력이 높아집니다. 『해커스공무원 국어 비문학 독해 333 Vol. 3』로 매일 꾸준히 독해 연습을 한다면 반드시 독해력을 향상시킬 수 있습니다.

『해커스공무원 국어 비문학 독해 333 Vol. 3』는 단계별 학습이 가능합니다.

단순히 지문을 읽고 많은 양의 문제를 푸는 것만으로는 독해력을 탄탄히 할 수 없습니다. 실제 시험의 출제경향과 비문학 독해 유형을 파악하고 유형별 독해 전략을 문제풀이에 적용하는 단계별 문제풀이 학습을 통해 독해력을 완성해 갈 수 있습니다.

독해력 향상을 위한 30일 간의 여정
해커스가 여러분과 함께 합니다.

차례

책의 특징 및 구성

01 매일 3문제씩 풀어 볼 수 있는 DAY별 구성

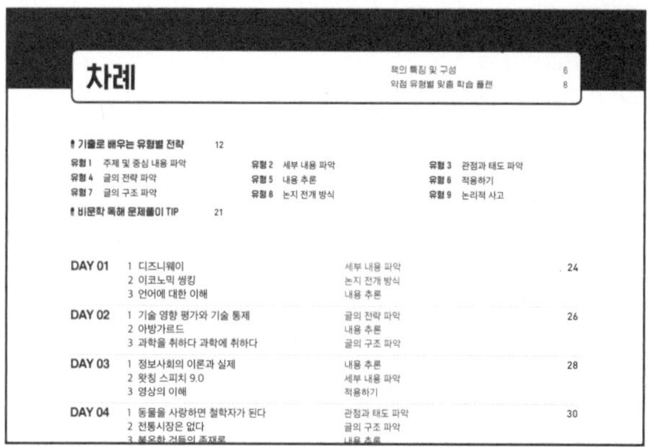

차례

『해커스공무원 국어 비문학 독해 333 Vol. 3』는 매일 꾸준히 비문학 독해를 풀어 볼 수 있도록 DAY별로 문제를 수록했습니다. 매일 3문제씩 30일 동안 총 90문제를 풀어보면서 독해력을 향상시키고 실전 감각을 유지할 수 있습니다.

02 독해력과 문제풀이 능력을 향상시키는 단계별 구성

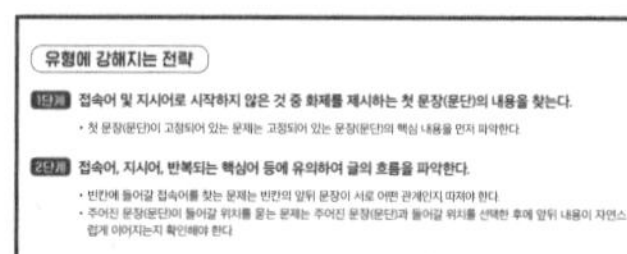

유형에 강해지는 전략

1단계 접속어 및 지시어로 시작하지 않은 것 중 화제를 제시하는 첫 문장(문단)의 내용을 찾는다.
- 첫 문장(문단)이 고정되어 있는 문제는 고정되어 있는 문장(문단)의 핵심 내용을 먼저 파악한다.

2단계 접속어, 지시어, 반복되는 핵심어 등에 유의하여 글의 흐름을 파악한다.
- 빈칸에 들어갈 접속어를 찾는 문제는 빈칸의 앞뒤 문장이 서로 어떤 관계인지 따져야 한다.
- 주어진 문장(문단)이 들어갈 위치를 묻는 문제는 주어진 문장(문단)과 들어갈 위치를 선택한 후에 앞뒤 내용이 자연스럽게 이어지는지 확인해야 한다.

유형에 강해지는 전략

독해 유형마다 문제풀이 전략을 제시하여 체계적으로 정확하게 문제를 푸는 방법을 익힐 수 있습니다.

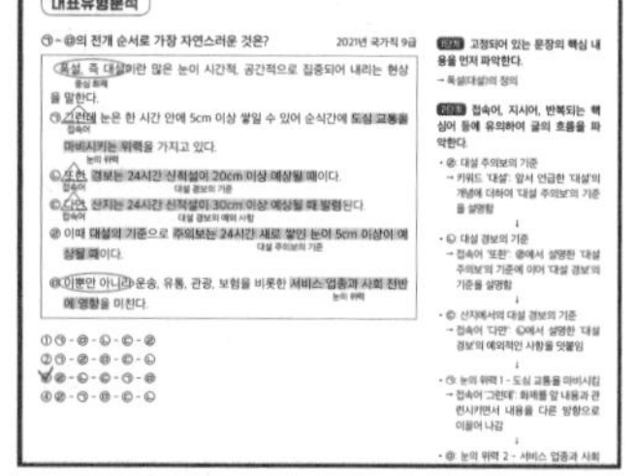

대표유형분석

실제 기출문제에서 학습한 전략을 적용하여 지문을 객관적으로 분석하고 정답을 빠르고 정확하게 찾아낼 수 있습니다.

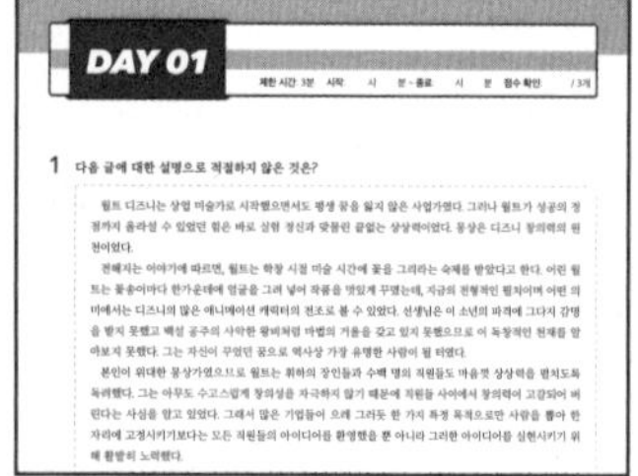

DAY별 예상 문제 풀이

공무원 국어 시험 문제와 동일한 유형의 예상 문제를 매일 풀어 봄으로써 독해력을 향상시키고 실전 감각을 유지할 수 있습니다.

03 비문학 독해 대표유형을 완벽하게 정복할 수 있는 유형별 독해 전략 제공

유형에 강해지는 전략

1단계 글의 핵심어를 바탕으로 중심 화제를 파악한다.

2단계 중심 화제와 관련된 문단별 중심 내용을 파악한다.

- 단, 하나의 문단으로 이루어진 제시문에서는 문단별 중심 내용 대신 글의 흐름을 파악한다.

3단계 글 전체를 아우르는 내용으로 적절한 선택지를 고른다.

- 글의 내용과 선택지가 부합하더라도 전체를 포괄할 수 없는 부분적인 내용은 주제가 아니라는 점에 유의해야 한다.

유형별로 문제에서 요구하는 바를 빠르게 파악하고 지문을 정확하게 읽어 낼 수 있도록 유형별 독해 전략을 제시했습니다. 이를 통해 어려운 내용의 문제도 정확히 풀어낼 수 있습니다.

04 정답과 오답의 이유부터 관련 지식까지 통달하는 상세한 해설

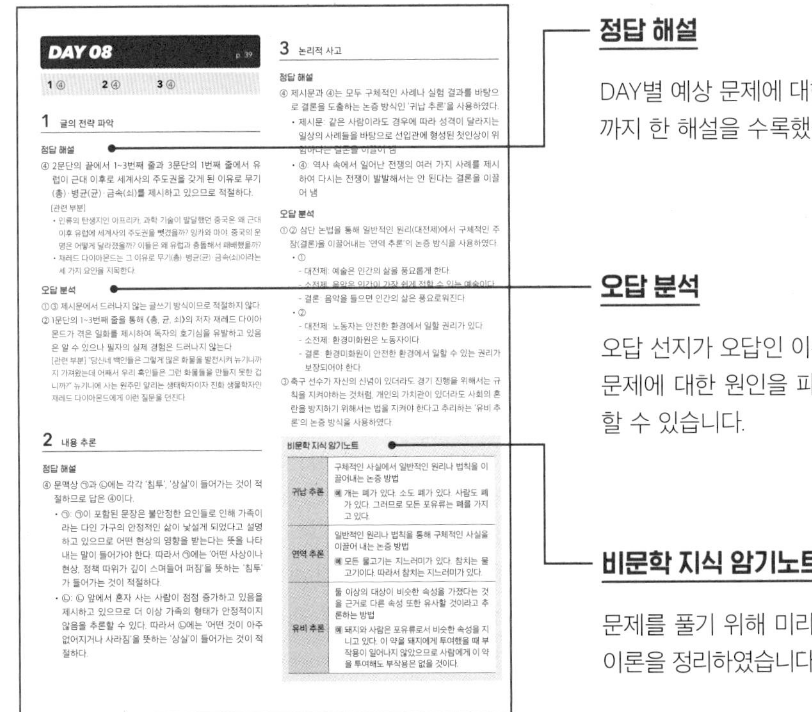

DAY 08 p. 39

1 ④ 2 ④ 3 ④

1 글의 전략 파악

정답 해설

④ 2문단의 끝에서 1~3번째 줄과 3문단의 1번째 줄에서 유럽이 근대 이후로 세계사의 주도권을 갖게 된 이유로 무기(총)·병균(균)·금속(쇠)를 제시하고 있으므로 적절하다.

[관련 부분]
- 인류의 탄생지인 아프리카, 과학 기술이 발달했던 중국은 왜 근대 이후 유럽에 세계사의 주도권을 뺏겼을까? 잉카와 마야, 중국의 운명은 어떻게 달라졌을까? 이들은 왜 유럽과 충돌해서 패배했을까?
- 재레드 다이아몬드는 그 이유로 무기(총)·병균(균)·금속(쇠)이라는 세 가지 요인을 지목한다.

오답 분석

①③ 제시문에서 드러나지 않는 글쓰기 방식이므로 적절하지 않다.

② 1문단의 1~3번째 줄을 통해 《총, 균, 쇠》의 저자 재레드 다이아몬드가 겪은 일화를 제시하여 독자의 호기심을 유발하고 있음은 알 수 있으나 필자의 실제 경험은 드러나지 않는다.
[관련 부분] "당신네 백인들은 그렇게 많은 화물을 발전시켜 뉴기니까지 가져왔는데 어째서 우리 흑인들은 그런 화물들을 만들지 못한 겁니까?" 뉴기니에 사는 원주민 알리는 생태학자이자 진화 생물학자인 재레드 다이아몬드에게 이런 질문을 던진다.

2 내용 추론

정답 해설

④ 문맥상 ㉠과 ㉡에는 각각 '침투', '상실'이 들어가는 것이 적절하므로 답은 ④이다.
- ㉠: ㉠이 포함된 문장은 불안정한 요인들로 인해 가족이라는 다인 가구의 안정적인 삶이 낯설게 되었다고 설명하고 있으므로 어떤 현상의 영향을 받는다는 뜻을 나타내는 말이 들어가야 한다. 따라서 ㉠에는 '어떤 사상이나 현상, 정책 따위가 깊이 스며들어 퍼짐'을 뜻하는 '침투'가 들어가는 것이 적절하다.
- ㉡: ㉡ 앞에서 혼자 사는 사람이 점점 증가하고 있음을 제시하고 있으므로 더 이상 가족의 형태가 안정적이지 않음을 추론할 수 있다. 따라서 ㉡에는 '어떤 것이 아주 없어지거나 사라짐'을 뜻하는 '상실'이 들어가는 것이 적절하다.

3 논리적 사고

정답 해설

④ 제시문과 ④는 모두 구체적인 사례나 실험 결과를 바탕으로 결론을 도출하는 논증 방식인 '귀납 추론'을 사용하였다.
- 제시문: 같은 사람이라도 경우에 따라 성격이 달라지는 일상의 사례들을 바탕으로 선입관에 형성된 첫인상이 위험하다는 결론을 이끌어 냄
- ④: 역사 속에서 일어난 전쟁의 여러 가지 사례를 제시하여 다시는 전쟁이 발발해서는 안 된다는 결론을 이끌어 냄

오답 분석

①② 삼단 논법을 통해 일반적인 원리(대전제)에서 구체적인 주장(결론)을 이끌어내는 '연역 추론'의 논증 방식을 사용하였다.
- ①
  - 대전제: 예술은 인간의 삶을 풍요롭게 한다.
  - 소전제: 음악은 인간이 가장 쉽게 접할 수 있는 예술이다.
  - 결론: 음악을 들으면 인간의 삶은 풍요로워진다.
- ②
  - 대전제: 노동자는 안전한 환경에서 일할 권리가 있다.
  - 소전제: 환경미화원은 노동자이다.
  - 결론: 환경미화원이 안전한 환경에서 일할 수 있는 권리가 보장되어야 한다.

③ 축구 선수가 자신의 신념이 있더라도 경기 진행을 위해서는 규칙을 지켜야하는 것처럼, 개인의 가치관이 있더라도 사회의 혼란을 방지하기 위해서는 법을 지켜야 한다고 추리하는 '유비 추론'의 논증 방식을 사용하였다.

비문학 지식 암기노트

귀납 추론	구체적인 사실에서 일반적인 원리나 법칙을 이끌어내는 논증 방법 예 개는 폐가 있다. 소도 폐가 있다. 사람도 폐가 있다. 그러므로 모든 포유류는 폐를 가지고 있다.
연역 추론	일반적인 원리나 법칙을 통해 구체적인 사실을 이끌어 내는 논증 방법 예 모든 물고기는 지느러미가 있다. 참치는 물고기이다. 따라서 참치는 지느러미가 있다.
유비 추론	둘 이상의 대상이 비슷한 속성을 가졌다는 것을 근거로 다른 속성 또한 유사할 것이라고 추론하는 방법 예 돼지와 사람은 포유류로서 비슷한 속성을 지니고 있다. 이 약을 돼지에게 투여했을 때 부작용이 일어나지 않았으므로 사람에게 이 약을 투여해도 부작용은 없을 것이다.

정답 해설

DAY별 예상 문제에 대한 정확하고 명쾌하며 상세하기까지 한 해설을 수록했습니다.

오답 분석

오답 선지가 오답인 이유를 상세하게 설명하여 틀렸던 문제에 대한 원인을 파악하고 이를 통해 실력을 보완할 수 있습니다.

비문학 지식 암기노트

문제를 풀기 위해 미리 알고 있어야 하는 주요 비문학 이론을 정리하였습니다.

약점 유형별 맞춤 학습 플랜

"아무리 문제를 풀어도 독해력이 늘지 않아."

학습 플랜

STEP 1 '기출로 배우는 유형별 전략'을 통해 문제 유형과 전략을 학습하고, 기본적인 독해 문제 풀이 방법을 익히세요.

STEP 2 눈으로만 읽지 말고 밑줄, 기호 등을 활용하여 문제를 풀어보세요.

STEP 3 채점 후 유형별 독해 전략을 올바르게 적용하였는지 점검해 보세요.

"긴 지문만 나오면 머릿속이 하얘져."

학습 플랜

STEP 1 첫 문단에서 핵심어를 찾고 중심 내용을 파악하세요. 첫 문단을 통해 글의 전체적인 맥락을 이해한 후 문제를 풀면 긴 지문이라도 쉽게 문제를 풀 수 있어요!

STEP 2 첫 문단의 내용을 이해했다면 선택지와 지문을 서로 비교하며 읽어 보세요.

STEP 3 STEP 1과 2를 반복하며 오답 선택지를 지워 나가 보세요.

"똑같은 유형만 계속 틀려서 걱정이야."

학습 플랜

STEP 1 '기출로 배우는 유형별 전략'에서 약점인 문제 유형의 독해 전략을 학습하세요.

STEP 2 약점 유형의 문제만 골라서 해당 독해 전략을 적용하여 제한 시간 안에 풀어 보세요.

STEP 3 채점 후 틀린 문제는 독해 전략을 다시 적용해 보며 지문과 선지를 분석해 보세요.

"비문학 독해는 풀 때마다 시간이 부족해."

학습 플랜

STEP 1 매일 제한 시간 안에 3문제를 풀어 보세요.

STEP 2 눈으로만 읽지 말고 밑줄, 기호 등을 적극적으로 활용하며 핵심어를 찾고 중심 내용을 파악해 보세요. 처음엔 시간이 걸리겠지만 익숙해지면 시간을 단축할 수 있어요!

STEP 3 채점 후 시간 안에 풀지 못한 문제나 틀린 문제는 STEP 2의 방법을 사용하여 다시 풀어 보세요.

매일 학습 점검표

매일 3지문씩 풀어본 후 문제풀이 시간을 기록하고, 틀린 문항은 □박스에 체크해서 복습해 보세요.

학습일	문항	체크	풀이 시간
DAY 01 월 일	1	□	분 초
	2	□	분 초
	3	□	분 초
DAY 02 월 일	1	□	분 초
	2	□	분 초
	3	□	분 초
DAY 03 월 일	1	□	분 초
	2	□	분 초
	3	□	분 초
DAY 04 월 일	1	□	분 초
	2	□	분 초
	3	□	분 초
DAY 05 월 일	1	□	분 초
	2	□	분 초
	3	□	분 초
DAY 06 월 일	1	□	분 초
	2	□	분 초
	3	□	분 초
DAY 07 월 일	1	□	분 초
	2	□	분 초
	3	□	분 초
DAY 08 월 일	1	□	분 초
	2	□	분 초
	3	□	분 초
DAY 09 월 일	1	□	분 초
	2	□	분 초
	3	□	분 초
DAY 10 월 일	1	□	분 초
	2	□	분 초
	3	□	분 초

학습일	문항	체크	풀이 시간
DAY 11 월 일	1	□	분 초
	2	□	분 초
	3	□	분 초
DAY 12 월 일	1	□	분 초
	2	□	분 초
	3	□	분 초
DAY 13 월 일	1	□	분 초
	2	□	분 초
	3	□	분 초
DAY 14 월 일	1	□	분 초
	2	□	분 초
	3	□	분 초
DAY 15 월 일	1	□	분 초
	2	□	분 초
	3	□	분 초
DAY 16 월 일	1	□	분 초
	2	□	분 초
	3	□	분 초
DAY 17 월 일	1	□	분 초
	2	□	분 초
	3	□	분 초
DAY 18 월 일	1	□	분 초
	2	□	분 초
	3	□	분 초
DAY 19 월 일	1	□	분 초
	2	□	분 초
	3	□	분 초
DAY 20 월 일	1	□	분 초
	2	□	분 초
	3	□	분 초

학습일	문항	체크	풀이 시간
DAY 21 월 일	1	□	분 초
	2	□	분 초
	3	□	분 초
DAY 22 월 일	1	□	분 초
	2	□	분 초
	3	□	분 초
DAY 23 월 일	1	□	분 초
	2	□	분 초
	3	□	분 초
DAY 24 월 일	1	□	분 초
	2	□	분 초
	3	□	분 초
DAY 25 월 일	1	□	분 초
	2	□	분 초
	3	□	분 초
DAY 26 월 일	1	□	분 초
	2	□	분 초
	3	□	분 초
DAY 27 월 일	1	□	분 초
	2	□	분 초
	3	□	분 초
DAY 28 월 일	1	□	분 초
	2	□	분 초
	3	□	분 초
DAY 29 월 일	1	□	분 초
	2	□	분 초
	3	□	분 초
DAY 30 월 일	1	□	분 초
	2	□	분 초
	3	□	분 초

비문학 독해 **출제경향**

경향 1

비문학 문제 수 증가

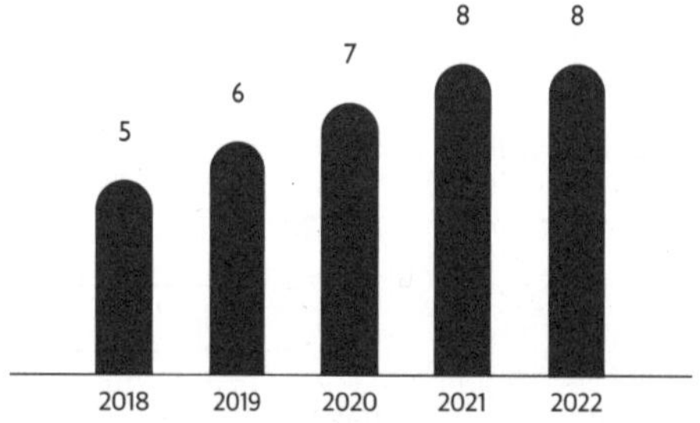

[최근 5개년 비문학 독해 문제 평균 출제 횟수]

공무원 국어 시험에서 비문학 문제 수가 꾸준히 증가하고 있습니다. 특히 비문학 영역 중 화법과 작문을 제외한 독해 문제가 최근 3개년(2020~2022년) 국가직·지방직 시험에서 평균 7~8문제씩 꾸준히 출제되고 있습니다.

경향 2

빈출 포인트

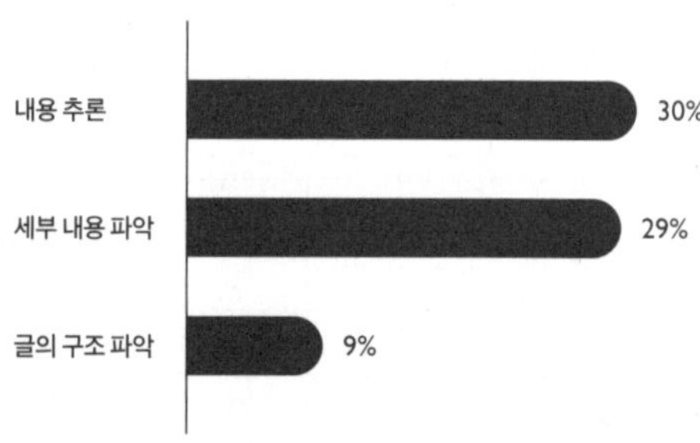

[최근 5개년 비문학 독해 문제 유형별 출제 비중]

지문을 읽고 선지의 내용을 추리하는 '내용 추론(30%)'과 지문과 선지의 일치 여부를 묻는 '세부 내용 파악(29%)'이 가장 많이 출제되고 있습니다. 또한 글의 전개 순서나 논리적 배열 관계를 묻는 '글의 구조 파악(9%)'도 꾸준히 출제되고 있습니다.

공무원시험전문
해커스공무원

gosi.Hackers.com

기출로 배우는 **유형별 전략**

경향 3

긴 지문 증가

연도	평균 글자 수
2022	574
2021	569
2020	583

[최근 3개년 비문학 독해 문제 평균 글자 수]

비문학 독해 문제 수가 증가하는 것과 더불어 지문의 길이도 길어지는 추세입니다. 최근 3개년 시험 모두 비문학 독해 지문의 글자 수가 평균 500자 이상을 기록하였습니다. 지문의 길이가 길어지는 경향을 대비해 시간 관리 연습을 해야 합니다.

경향 4

난이도 '중'

난이도	비율
상	3%
중	51%
하	46%

[최근 3개년 비문학 독해 문제 난이도 출제 비율]

비문학 독해 문제의 난이도는 '중'으로, 주로 익숙하고 평이한 주제나 소재를 다룬 지문의 문제가 출제되고 있습니다.

기출로 배우는 **유형별 전략**

유형 1 | 주제 및 중심 내용 파악

유형에 강해지는 전략

1단계 **글의 핵심어를 바탕으로 중심 화제를 파악한다.**

2단계 **중심 화제와 관련된 문단별 중심 내용을 파악한다.**

- 단, 하나의 문단으로 이루어진 제시문에서는 문단별 중심 내용 대신 글의 흐름을 파악한다.

3단계 **글 전체를 아우르는 내용으로 적절한 선택지를 고른다.**

- 글의 내용과 선택지가 부합하더라도 전체를 포괄할 수 없는 부분적인 내용은 주제가 아니라는 점에 유의해야 한다.

대표유형분석

다음 글의 주장으로 가장 적절한 것은? 2020년 지방직 9급

> 우리에게 친숙한 동물들의 사소한 행동을 살펴보면 그들이 자신의 환경을 개조한다는 것을 알 수 있다. (중심 화제) 가장 단순한 생명체는 먹이가 그들에게 헤엄쳐 오게 만들고, 고등 동물은 먹이를 구하기 위해 땅을 파거나 포획 대상을 추적하기도 한다. 이처럼 동물들은 자신의 목적을 위해 행동함으로써 환경을 변형시킨다. (글의 중심 내용) 이러한 생존 방식을 흔히 환경에 적응하는 것으로 설명한다. 그러나 이러한 설명은 생명체들이 그들의 환경 개변(改變)에 능동적으로 행동한다는 중요한 사실을 놓치고 있다. (글의 중심 내용)
>
> 가장 고등한 동물인 인간도 다른 생명체와 마찬가지로 생존이나 적응을 넘어서 환경에 대해 적극성을 보인다. 이는 인간의 세 가지 충동—사는 것, 잘 사는 것, 더 잘 사는 것—으로 인하여 가능하다. (글의 중심 내용) 잘 살기 위한 노력은 순응적이기 보다는 능동적인 모습으로 나타나게 된다. 인간도 생명체이다. 더 잘 살기 위해서는 환경에 순응할 수만은 없다.

① 인간은 환경에 적응해 왔다.
② 삶의 기술은 생존을 위한 것이다.
③ **생명체는 환경을 능동적으로 변형한다.**
④ 인간은 잘 사는 것을 삶의 목표로 한다.

1단계 **글의 핵심어를 바탕으로 중심 화제를 파악한다.**

→ 글의 중심 화제는 '환경 개조'임을 알 수 있다.

2단계 **중심 화제와 관련된 중심 내용을 파악한다.**

- 1문단: 생명체들은 자신의 환경을 변화시키는 것에 능동적으로 행동함
- 2문단: 생명체의 하나인 인간도 더 잘 살기 위해 환경에 대해 능동적·적극적으로 행동함

3단계 **글 전체를 아우르는 내용으로 적절한 선택지를 고른다.**

→ ③ 제시문은 동물들이 자신의 목적을 위해 행동함으로써 환경을 변형시킨다는 사례와 인간의 세 가지 충동을 근거로 들어 모든 생명체는 환경을 능동적으로 변형한다고 주장한다. 따라서 글의 주장으로 가장 적절한 것은 ③이다.

유형 2 | 세부 내용 파악

유형에 강해지는 전략

1단계 글을 읽으며 글의 전체적인 흐름과 대략적인 내용을 파악한다.

2단계 각 선택지의 핵심어에 밑줄을 긋는다.

3단계 글에서 핵심어와 관련된 내용을 찾고, 선택지와 비교하여 일치 여부를 판단한다.

대표유형분석

다음 글에 대한 이해로 가장 적절한 것은? 2019년 지방직 9급

책은 벗입니다. 먼 곳에서 찾아온 반가운 벗입니다. 배움과 벗에 관한 이야기는 『논어』의 첫 구절에도 있습니다. '배우고 때때로 익히니 어찌 기쁘지 않으랴. 벗이 먼 곳에서 찾아오니 어찌 즐겁지 않으랴.'가 그런 뜻입니다.

그러나 오늘 우리의 현실은 그렇지 못합니다. 인생의 가장 빛나는 시절을 수험 공부로 보내야 하는 학생들에게 독서는 결코 반가운 벗이 아닙니다. 가능하면 빨리 헤어지고 싶은 불행한 만남일 뿐입니다. 밑줄 그어 암기해야 하는 독서는 진정한 의미의 독서가 못 됩니다.

독서는 모름지기 자신을 열고, 자신을 확장하고, 자신을 뛰어넘는 비약이어야 합니다. 그렇기 때문에 독서는 삼독(三讀)입니다. 먼저 글을 읽고 다음으로 그 글을 집필한 필자를 읽어야 합니다. 그 글이 제기하고 있는 문제뿐만 아니라 필자가 어떤 시대, 어떤 사회에 발 딛고 있는지를 읽어야 합니다. 그리고 최종적으로 그것을 읽고 있는 독자 자신을 읽어야 합니다. 그렇게 함으로써 자신의 처지와 우리 시대의 문맥을 깨달아야 합니다.

선택지 ①의 근거

① 독서는 타인의 경험이나 생각 등을 자기화(自己化)하는 과정이다.
② 반가운 벗과의 독서야말로 진정한 독자로 거듭날 수 있는 첩경(捷徑)이다.
③ 시대와 불화(不和)한 독자일수록 독서를 통해 자신의 위치를 발견하기 쉽다.
④ 자신이 배운 것을 제때에 적용하기 위해서는 친밀한 교우(交友) 관계가 중요하다.

1단계 글의 전체적인 흐름과 대략적인 내용을 파악한다.
- 1문단: 예로부터 책은 벗으로 여겨짐
- 2문단: 오늘날 학생들은 독서를 즐기지 않음
- 3문단: 독서는 삼독(三讀)으로 독자는 '필자'를 읽고 '필자의 사회상'을 읽은 후 독자 자신을 읽는 과정임

2단계 선택지의 핵심어에 밑줄을 긋는다.
- ①: 독서, 타인의 경험이나 생각, 자기화(自己化)
- ②: 반가운 벗과의 독서, 진정한 독자
- ③: 시대와 불화(不和)한 독자, 독서, 자신의 위치
- ④: 자신이 배운 것, 적용, 친밀한 교우(交友) 관계

3단계 글에서 핵심어와 관련된 내용을 찾고, 선택지와 비교하여 일치 여부를 판단한다.

→ ① 3문단의 2~5번째 줄을 통해 독서는 '필자'를 읽고, '필자가 어떤 시대 어떤 사회에 발 딛고 있는지'를 읽은 후 독자 자신을 읽는 것임을 알 수 있다. 이는 필자(타인)에 대한 경험이나 생각을 자신의 것으로 만드는 자기화(自己化) 과정이므로, 글에 대한 이해로 가장 적절한 것은 ①이다.

기출로 배우는 유형별 전략

유형 3 | 관점과 태도 파악

유형에 강해지는 전략

1단계 견해가 드러난 부분에 밑줄을 그으면서 필자의 관점이나 태도를 파악한다.

- 필자의 생각을 판단할 수 있는 핵심 단서는 글의 마지막 부분이나 문단에 나타나는 경우가 많다.

2단계 선택지에 제시된 정보가 필자의 관점이나 태도와 일치하는지 제시문과 비교하며 확인한다.

대표유형분석

밑줄 친 부분의 이유에 대한 필자의 견해로 볼 수 없는 것은?

2018년 지방직 9급

> 관리가 본디부터 간악한 것이 아니다. 그들을 간악하게 만드는 것은 법이다. 간악함이 생기는 이유는 이루 다 열거할 수 없다. 대체로 직책은 하찮은데도 재주가 넘치면 간악하게 되며, 지위는 낮은데도 아는 것이 많으면 간악하게 되며, 노력을 조금 들였는데도 효과가 신속하면 간악하게 되며,(견해 (1) - 선택지 ①의 근거) 자신은 그 자리에 오랫동안 있는데 자신을 감독하는 사람이 자주 교체되면 간악하게 되며,(견해 (2) - 선택지 ③의 근거) 자신을 감독하는 사람의 행동이 또한 정도에서 나오지 않으면 간악하게 되며, 아래에 자신의 무리는 많은데 윗사람이 외롭고 어리석으면 간악하게 되며,(견해 (3) - 선택지 ④의 근거) 자신을 미워하는 사람이 자신보다 약하여 두려워하면서 잘못을 밝히지 않으면 간악하게 되며, 자신이 꺼리는 사람이 같이 죄를 범하였는데도 서로 버티면서 죄를 밝히지 않으면 간악하게 되며, 형벌에 원칙이 없고 염치가 확립되지 않으면 간악하게 된다. …… 간악함이 일어나기 쉬운 것이 대체로 이러하다.

① 노력은 적게 들이고 성과를 빨리 얻는다.
② **자신이 범한 과오를 감추고 남의 잘못을 드러낸다.**
③ 자신은 같은 자리에 있으나 감독자가 자주 교체된다.
④ 자신의 세력이 밑에서 강한 반면 상부는 외롭고 우매하다.

1단계 견해가 드러난 부분에 밑줄을 그으면서 필자의 관점이나 태도를 파악한다.

- 견해 (1): 노력을 조금 들였는데도 효과가 빠르게 나타나면 간악해짐
- 견해 (2): 자신은 그 자리에 오랫동안 있으나 자신을 감독하는 사람이 자주 교체되면 간악해짐
- 견해 (3): 아래에 자신의 무리는 많으나 윗사람이 외롭고 어리석으면 간악해짐

2단계 제시문과 선택지의 내용을 비교하여 필자의 관점과 일치하지 않는 선택지를 고른다.

→ ② 제시문에서 확인할 수 없는 내용이므로 필자의 견해로 볼 수 없다.

유형 4 | 글의 전략 파악

유형에 강해지는 전략

1단계 **선택지에서 설명하는 전략 및 효과가 무엇인지 파악한다.**

2단계 **선택지에서 설명한 전략이 제시문에서 사용되었는지 확인한 후, 전략에 따른 효과를 올바르게 제시했는지 점검한다.**

- 하나의 선택지에 제시된 정보가 두 가지 이상일 경우, 글에 한 정보가 나타나 있는 것만 보고 성급하게 맞는 선택지로 판단하지 않도록 유의한다.

대표유형분석

다음 글에 대한 이해로 적절하지 않은 것은? 2022년 국가직 9급

> △△시 시장님께
>
> 안녕하십니까? 저는 △△시에서 농장을 운영하는 □□□입니다. 이렇게 글을 쓰게 된 것은 우리 농장 근처에 신축된 골프장의 빛 공해 문제에 대해 말씀드리기 위함입니다. 빛이 공해가 될 수 있다는 말이 다소 생소하실 수도 있습니다. 하지만 지나친 야간 조명이 식물의 성장에 부정적인 영향을 끼쳐 작물 수확량을 감소시킬 수 있음은 이미 여러 연구를 통해 입증된 바 있습니다(선택지 ②의 근거). 좀 늦었지만 △△시에서도 이 문제에 대해 경각심을 가질 필요가 있습니다. 실제로 골프장이 야간 운영을 시작했을 때를 기점으로 우리 농장의 수확률이 현저히 낮아졌음을 제가 확인했습니다(선택지 ①의 근거 (1)). 물론, 이윤을 추구하는 골프장의 야간 운영을 무조건 막는다면 골프장 측에서 반발할 것입니다. 그래서 계절에 따라 야간 운영 시간을 조정하거나 운영 제한에 따른 손실금을 보전해 주는 등의 보완책도 필요합니다(선택지 ④의 근거). 또한 ○○군에서도 빛 공해 문제를 해결하기 위해 야간 조명의 조도를 조정하는 프로젝트를 진행한 바 있으니(선택지 ③의 근거) 참고해 보시기 바랍니다. 모쪼록 시장님께서 이 문제에 관심을 가지고 농장과 골프장이 상생할 수 있는 정책을 펼쳐 주시기를 부탁(선택지 ①의 근거 (2))드립니다.

① 시장에게 빛 공해로 농장이 겪는 어려움에 대해 관심을 촉구하고 있다.
✔② 건의에 대한 신뢰성을 높이기 위해 인용한 자료의 출처를 밝히고 있다.
③ 다른 지역에서 야간 조명으로 인한 폐해를 해결하기 위해 노력한 사례를 언급하고 있다.
④ 골프장의 야간 운영을 제한할 때 예상되는 문제점과 그 해결 방안에 대해 제시하고 있다.

1단계 **선택지에서 설명하는 전략 및 효과를 파악한다.**

- ①: 어려움에 대한 관심 촉구
- ②: 신뢰성 → 인용 자료 출처 밝힘
- ③: 폐해 해결 → 다른 지역 사례 언급
- ④: 예상되는 문제점과 해결 방안 제시

2단계 **제시문의 전략이 제시문에서 사용되었는지 확인 후 전략에 따른 효과를 올바르게 제시했는지 점검 한다.**

→ ② 지나친 야간 조명으로 인해 작물 수확량이 감소될 수 있음을 입증한 연구 자료를 제시하여 신뢰성을 높이고 있으나, 해당 자료의 출처는 밝히고 있지 않으므로 적절하지 않다.

- ① 2문단 7~9번째 줄과 끝에서 1~2번째 줄을 통해 확인할 수 있다.
- ③ 2문단 끝에서 3~4번째 줄을 통해 확인할 수 있다.
- ④ 2문단 10~13번째 줄을 통해 확인할 수 있다.

기출로 배우는 유형별 전략

유형 5 | 내용 추론

유형에 강해지는 전략

1단계 중심 화제를 바탕으로 필자의 주장이나 핵심 내용을 파악한다.

2단계 글에 나타난 정보나 내용의 흐름에 근거하여 선택지의 정보가 적절한지 판단한다.

- 상식이 아닌, 글에 나타나 있는 내용을 근거로 추론해야 한다.
- 새로운 내용을 추론할 때는 글의 정보를 종합해야 하는 경우가 많다.
- 빈칸에 들어갈 내용을 추론할 경우, 빈칸의 앞뒤 내용을 근거로 추리해야 한다.

대표유형분석

다음 글을 통해 추론할 수 없는 것은? 2020년 지방직 9급

> 자신의 신념과 일치하는 정보는 받아들이고 그렇지 않은 정보는 무시하는 경향을 확증 편향(confirmation bias)이라 한다. 자신의 믿음이나 견해와 일치하는 정보는 수용하고 그에 반대되는 정보는 무시하거나 부정하는 심리 경향이다. 사회 심리학자인 로버트 치알디니는 자신이 가진 기존의 견해와 일치하는 정보는 두 가지 이점을 가지고 있다고 한다. 첫째, 그러한 정보는 어떤 문제에 대해 더 이상 고민하지 않고 마음의 휴식을 취할 수 있게 해 준다. 둘째, 그러한 정보는 우리를 추론의 결과에서 자유롭게 해 준다. 즉 추론의 결과 때문에 행동을 바꿔야 할 필요가 없다. 첫째는 생각하지 않게 하고, 둘째는 행동하지 않게 함을 말한다.
>
> 일례로 특정 정치 성향을 가진 사람들을 대상으로 조사했을 때, 사람들은 반대당 후보의 주장에서는 모순을 거의 완벽하게 찾은 반면, 지지하는 당 후보의 주장에서는 모순을 절반 정도만 찾아냈다. 이 판단 과정을 자기 공명 영상 장치로도 촬영했다. 그 결과, 자신이 동의하지 않는 정보를 접했을 때는 뇌 회로가 활성화되지 않았고, 자신이 동의하는 주장을 접했을 때는 긍정적인 반응을 보이면서 뇌 회로가 활성화되는 것을 확인할 수 있었다.

(본문 주석: 선택지 ④의 근거 / 중심 화제 / 선택지 ①의 근거 / 선택지 ②의 근거 / 선택지 ③의 근거)

① 사람에게는 자신의 신념이나 행동을 바꾸려 하지 않는 경향이 있다.
② 사람에게는 정보를 객관적으로 판단하지 못하는 심리적 특성이 있다.
③ 사람에게는 지지자들의 말만을 듣고 자기 신념을 강화하는 경향이 있다.
✔④ 사람에게는 새로운 정보를 접했을 때 심리적 불안을 느끼는 특성이 있다.

1단계 중심 화제를 바탕으로 필자의 주장이나 핵심 내용을 파악한다.

- 1문단: 확증 편향의 정의와 자신이 가진 기존의 견해와 일치하는 정보가 주는 두 가지 이점
- 2문단: 자신의 견해와 일치하거나 일치하지 않는 정보를 접했을 때 뇌 회로의 활성화 여부

2단계 글에 나타난 정보나 내용의 흐름에 근거하여 선택지의 정보가 적절한지 판단한다.

→ ④ 제시문에 언급되지 않은 내용이므로 추론할 수 없다.

- ① 1문단의 로버트 치알디니의 견해에 따르면 확증 편향에 근거할 때, 사람들은 자신의 견해와 일치하는 정보에 따라 자신의 행동을 바꿀 필요가 없음을 알 수 있으므로 적절한 추론이다.
- ② 2문단의 특정 정치 성향을 가진 사람들의 조사 결과를 통해 사람에게는 정보를 객관적으로 판단하지 못하는 특성이 있음을 추론할 수 있다.
- ③ 2문단의 자신이 동의하는 주장을 접했을 때는 긍정적인 반응을 보이며 뇌 회로가 활성화된다는 내용으로 미루어 보아 사람에게는 지지자들의 말만 듣고 자기 신념을 강화하는 경향이 있음을 추론할 수 있다.

유형 6 | 적용하기

유형에 강해지는 전략

1단계 질문에서 묻는 바를 정확하게 파악한다.

2단계 질문과 관련된 글의 내용을 정리한다.

3단계 글에서 파악한 내용을 선택지에 적용하여 답을 찾는다.

대표유형분석

<보기>의 내용에 대한 이해로 가장 옳지 않은 것은? 2022년 서울시 9급(2월)

> 보기
>
> 참, 거짓을 판단할 수 있는 문장을 명제라고 한다. 문장이 나타내는 명제가 실제 세계의 사실과 일치하면 참이고 그렇지 않으면 거짓이다. (참과 거짓을 판단하는 방법) 가령, '사과는 과일이다.'는 실제 세계의 사실과 일치하므로 참인 명제지만 '새는 무생물이다.'는 실제 세계의 사실과 일치하지 않으므로 거짓인 명제이다. 이와 같이 명제가 지닌 진리치가 무엇인지 밝혀 주는 조건을 진리 조건이라고 한다. 명제 논리의 진리 조건을 간략하게 살펴보면 다음과 같다. 모든 명제는 참이든지 거짓이든지 둘 중 하나여야 하며 참도 아니고 거짓도 아니거나 참이면서 거짓인 경우는 없다. 명제 P가 참이면 그 부정 명제 ~P는 거짓이고 ~P가 참이면 P는 거짓이다. 명제 P와 Q가 AND로 연결되는 P∧Q는 P와 Q가 모두 참일 때에만 참이다. (선택지 ①·④의 근거) 명제 P와 Q가 OR로 연결되는 P∨Q는 P와 Q 둘 중 적어도 하나가 참이기만 하면 참이 된다. (선택지 ③의 근거) 명제 P와 Q가 IF … THEN으로 연결되는 P→Q는 P가 참이고 Q가 거짓이면 거짓이고 나머지 경우에는 모두 참이 된다. (선택지 ②의 근거)

① 명제 논리에서 '모기는 생물이면서 무생물이다.'는 성립하지 않는다.
② 명제 논리에서 '파리가 새라면 지구는 둥글다.'는 거짓이다.
③ 명제 논리에서 '개가 동물이거나 컴퓨터가 동물이다.'는 참이다.
④ 명제 논리에서 '늑대는 새가 아니고 파리는 곤충이다.'는 참이다.

1단계 질문에서 묻는 바를 파악한다.

→ <보기>의 내용을 잘못 이해한 것을 고른다.

2단계 질문과 관련된 글의 내용을 정리한다.

- 1~2번째 줄: 명제가 실제 사실과 일치하면 참, 그렇지 않으면 거짓임
- 끝에서 1~5번째 줄: 명제 논리의 진리 조건
  - P∧Q: P와 Q가 모두 참일 때에만 참
  - P∨Q: P와 Q 둘 중 하나가 참이기만 하면 참
  - P→Q: P가 참이고 Q가 거짓이면 거짓이고 나머지 경우에는 모두 참

3단계 글에서 파악한 내용을 선택지에 적용하여 답을 찾는다.

→ ② P→Q에 해당하는 명제로, P(파리는 새다)는 거짓이고 Q(지구는 둥글다)는 참이므로 참인 명제이다. 따라서 적절하지 않다.

- ① P∧Q에 해당하는 명제로, P(모기는 생물이다)는 참이고 Q(모기는 무생물이다)는 거짓이므로 거짓인 명제이다.
- ③ P∨Q에 해당하는 명제로, P(개는 동물이다)는 참이고 Q(컴퓨터는 동물이다)는 거짓이므로 참인 명제이다.
- ④ P∧Q에 해당하는 명제로, P(늑대는 새가 아니다)는 참이고 Q(파리는 곤충이다)도 참이므로 참인 명제이다.

기출로 배우는 유형별 전략

유형 7 | 글의 구조 파악

유형에 강해지는 전략

1단계 접속어 및 지시어로 시작하지 않은 것 중 화제를 제시하는 첫 문장(문단)의 내용을 찾는다.

- 첫 문장(문단)이 고정되어 있는 문제는 고정되어 있는 문장(문단)의 핵심 내용을 먼저 파악한다.

2단계 접속어, 지시어, 반복되는 핵심어 등에 유의하여 글의 흐름을 파악한다.

- 빈칸에 들어갈 접속어를 찾는 문제는 빈칸의 앞뒤 문장이 서로 어떤 관계인지 따져야 한다.
- 주어진 문장(문단)이 들어갈 위치를 묻는 문제는 주어진 문장(문단)과 들어갈 위치를 선택한 후에 앞뒤 내용이 자연스럽게 이어지는지 확인해야 한다.

대표유형분석

㉠~㉤의 전개 순서로 가장 자연스러운 것은? 2021년 국가직 9급

> 폭설, 즉 대설이란 많은 눈이 시간적, 공간적으로 집중되어 내리는 현상을 말한다. (중심 화제)
>
> ㉠ 그런데(접속어) 눈은 한 시간 안에 5cm 이상 쌓일 수 있어 순식간에 도심 교통을 마비시키는 위력을 가지고 있다. (눈의 위력)
>
> ㉡ 또한(접속어) 경보는 24시간 신적설이 20cm 이상 예상될 때이다. (대설 경보의 기준)
>
> ㉢ 다만(접속어) 산지는 24시간 신적설이 30cm 이상 예상될 때 발령된다. (대설 경보의 예외 사항)
>
> ㉣ 이때 대설의 기준으로 주의보는 24시간 새로 쌓인 눈이 5cm 이상이 예상될 때이다. (대설 주의보의 기준)
>
> ㉤ 이뿐만 아니라 운송, 유통, 관광, 보험을 비롯한 서비스 업종과 사회 전반에 영향을 미친다. (눈의 위력)

① ㉠-㉤-㉡-㉢-㉣
② ㉠-㉣-㉤-㉢-㉡
✔③ ㉣-㉡-㉢-㉠-㉤
④ ㉣-㉠-㉤-㉢-㉡

1단계 고정되어 있는 문장의 핵심 내용을 먼저 파악한다.

→ 폭설(대설)의 정의

2단계 접속어, 지시어, 반복되는 핵심어 등에 유의하여 글의 흐름을 파악한다.

- ㉣: 대설 주의보의 기준
  → 키워드 '대설': 앞서 언급한 '대설'의 개념에 더하여 '대설 주의보'의 기준을 설명함

↓

- ㉡: 대설 경보의 기준
  → 접속어 '또한': ㉣에서 설명한 '대설 주의보'의 기준에 이어 '대설 경보'의 기준을 설명함

↓

- ㉢: 산지에서의 대설 경보의 기준
  → 접속어 '다만': ㉡에서 설명한 '대설 경보'의 예외적인 사항을 덧붙임

↓

- ㉠: 눈의 위력 1 - 도심 교통을 마비시킴
  → 접속어 '그런데': 화제를 앞 내용과 관련시키면서 내용을 다른 방향으로 이끌어 나감

↓

- ㉤: 눈의 위력 2 - 서비스 업종과 사회 전반에 영향을 미침
  → 키워드 '이뿐만 아니라': ㉠에서 설명한 내용에 덧붙여 또 다른 눈의 위력에 대해 설명함

유형 8 | 논지 전개 방식

유형에 강해지는 전략

1단계 제시문에 사용된 논지 전개 방식(서술 방식, 설명 방식)을 파악한다.

- 논지 전개 방식의 종류(정의, 비교, 대조, 유추 등)에 대한 학습이 선행되어야 한다.

2단계 각 선택지에 사용되거나 제시된 논지 전개 방식을 파악하여 동일한 방식이 활용된 선택지를 고른다.

대표유형분석

㉠을 설명한 방식으로 적절한 것은? 2021년 지방직 7급

> 담배가 해로운데도 ㉠ 담배를 피우는 이유는 무엇일까? 첫째, 담배 피우는 모습이 멋있고 어른스럽다고 생각하는 것이다. 요즘은 담배를 마약과 같이 부정적으로 보는 시각이 크지만 과거에는 담배에 대해 긍정적인 인식이 있었다.
>
> 둘째, 담배를 피우면 정신이 안정되어 집중이 잘된다고 생각하는 점도 있다. 이것은 담배를 피움으로써 니코틴 금단 증상이 해소되기 때문인 것으로, 담배를 안 피우는 사람에 비해 더 안정되거나 집중이 잘되는 것은 아니다.
>
> 셋째, 담배를 피우는 이유는 니코틴 의존에도 있다. 체내에 니코틴이 없어지면 여러 가지 금단 증상으로 불안하고 초조해지는 등 고통스럽고, 이 고통 때문에 담배를 끊기 어렵다.
>
> 넷째, 담배를 피우는 이유에는 습관도 있다. 주위에 재떨이, 라이터, 꽁초 등이 눈에 보이면 자기도 모르게 담배에 손이 가고, 식후나 술을 마실 때도 습관적으로 담배 생각이 나서 피우게 된다.

① 정의
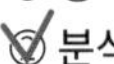 분석
③ 서사
④ 비교

1단계 제시문에 사용된 서술 방식을 파악한다.

→ '담배를 피우는 이유'를 네 가지로 나누어 설명하고 있으므로 ㉠을 설명한 방식으로 적절한 것은 ② '분석'이다.

- 첫째, 담배 피우는 모습이 멋있고 어른스럽다고 생각함
- 둘째, 정신이 안정되어 집중이 잘된다고 생각함
- 셋째, 니코틴 의존
- 넷째, 습관

2단계 각 선택지에 사용되거나 제시된 논지 전개 방식을 파악한다.

→ ② 분석: 하나의 관념이나 대상을 그 구성 요소로 나누어 진술하는 방식

- ① 정의: 어떤 용어의 뜻을 분명하게 규정하는 논지 전개 방식
- ③ 서사: 일정한 시간 내에 일어나는 일련의 행동이나, 시간의 흐름에 따라 전개되는 사건에 초점을 두는 방식
- ④ 비교: 둘 이상의 사물들에 대해 서로 비슷한 점을 밝혀내어 설명하는 방식

기출로 배우는 유형별 전략

유형 9 | 논리적 사고

유형에 강해지는 전략

1단계 제시문에 나타난 논증 방법이나 논리적 오류를 파악한다.

- 논증 방법(연역 추론, 귀납 추론, 유비 추론 등)과 논리적 오류(성급한 일반화의 오류, 무지의 오류 등)에 대한 학습이 선행되어야 한다.

2단계 각 선택지에 쓰인 논증 방법이나 논리적 오류를 파악하여 제시문과 동일한 것을 고른다.

대표유형분석

다음 글과 논증 방식이 가장 가까운 것은? 2017년 국가직 7급(10월)

> 기존의 틀을 벗어나려면 새로운 가치가 필요하다.(결론) 「운동선수가 뜀틀을 넘으려면 도약대가 있어야 하듯, 낡은 사고, 인습, 그리고 변화에 저항하는 틀을 뛰어넘기 위해서는 믿고 따를 분명한 디딤판이 필요하다. 또한, 기존의 틀을 벗어나려면 운동선수가 뜀틀을 향해 달려가는 것처럼 변화하고자 하는 의지도 필요하다.」(「」: 운동선수가 뜀틀을 넘는 것과 기존의 틀을 벗어나는 것의 유사성) 도전하려는 의지가 수반될 때에 뜀틀 너머의 새로운 사회를 만날 수 있다.(결론)

① 미국 헌법은 미국 시민의 투표권을 보장한다. (대전제) 미국 여성은 미국 시민이다. (소전제) 그러므로 미국 헌법은 미국 여성의 투표권을 보장한다. (결론)

② 나는 유해한 모든 일을 피하려고 한다. 전자파가 유해하다는 것은 널리 알려진 사실이다. (대전제) 전자레인지는 전자파를 방출하는 대표적인 기기이다. (소전제) 따라서 나는 전자레인지 사용을 자제하려고 한다. (결론)

③ 전선을 통한 전기의 흐름은 도관을 통한 물의 흐름과 유사하다. 지름이 큰 도관은 지름이 작은 도관에 비해 많은 양의 물을 전달할 수 있다. (전기의 흐름과 물의 흐름의 유사성) **따라서 큰 지름의 전선은 작은 지름의 전선보다 많은 양의 전기를 전달할 수 있을 것이다.** (결론)

④ 주말이면 동네에서 크고 작은 문화 행사를 한다. 박물관에는 다양한 문화재들이 항상 전시되어 있으며, 대학로의 소극장이나 예술의 전당 같은 문화 공간에서는 다양한 공연이 열리고 있다. (사례) 문화는 우리 생활 구석구석에 스며들어 있다. (결론)

1단계 제시문에 나타난 논증 방법을 파악한다.

→ 유비 추론: 운동선수가 뜀틀을 넘는 것과 기존의 틀을 벗어나는 것의 유사성에 근거하여 기존의 틀을 벗어나려면 새로운 가치, 도전의 의지가 필요하다는 결론을 이끌어 냄

2단계 각 선택지에 쓰인 논증 방식을 파악하여 제시문과 동일한 것을 고른다.

→ ③ 유비 추론: 전선을 통한 전기의 흐름과 도관을 통한 물의 흐름의 유사성에 근거하여 큰 지름의 전선이 작은 지름의 전선보다 많은 양의 전기를 전달할 수 있을 것이라고 판단함

- ①② 연역 추론: 일반적인 사실이나 원리에서 개별적이고 구체적인 사실이나 현상을 이끌어 내는 것
- ④ 귀납 추론: 개별적이고 특수한 사실이나 현상들을 점검하고, 사례들의 공통점을 바탕으로 일반적인 결론을 이끌어 내는 것

비문학 독해 **문제풀이** TIP

발문을 꼼꼼하게 확인한다.

발문을 읽지 않고 바로 문제를 풀어서 오답을 고르는 경우가 많다. 발문의 형태가 긍정형인지 부정형인지 꼭 확인하는 습관을 들이자!

핵심어와 중심 문장을 찾는다.

모든 글 읽기의 기본은 주제를 파악하는 것이다. 주제를 파악하려면 글의 중심 화제인 핵심어를 찾아야 한다. 핵심어를 통해 문단의 중심 내용을 파악하면 글의 주제를 이해할 수 있다. 각 문단의 핵심어와 중심 문장부터 찾아보자!

밑줄, 기호 등을 활용하여 지문을 분석한다.

길이와 상관없이 모든 지문을 정확하고 빠르게 읽는 방법은 밑줄이나 기호를 활용하는 것이다. 눈으로만 읽다 보면 지문이 담고 있는 정보를 정확하고 빠르게 파악할 수 없다. 또한 긴 내용의 글을 모두 기억하기 쉽지 않으므로 같은 내용을 여러 번 읽는 나쁜 습관이 생길 수도 있다. 중요한 정보에 밑줄을 긋거나 기호로 표시하며 정확하고 빠르게 읽는 연습을 하자!

밑줄과 기호 사용 예시

- ○: 중심 화제나 핵심 키워드
- ▒: 중심 문장이나 내용
- 『 』: 예시
- △: 주요 접속어

공무원 국어 비문학 독해의 문제 유형을 파악하고 전략을 학습한다.

공무원 국어 시험에서 출제되는 비문학 독해 문제는 수능 문제와 다르다. 지문의 길이가 길더라도 1,000자 이상은 넘어가지 않는 편이며 지나치게 전문적인 내용은 다루지 않는다. 따라서 수능처럼 어렵고 긴 지문으로 독해 연습을 하게 되면 공무원 국어 시험을 효율적으로 준비할 수 없다. 공무원 국어 비문학 독해 문제 유형과 특성을 파악하고 그에 맞는 독해 전략을 학습하자!

모든 독해 문제의 정답은 지문에 근거하여 찾는다.

비문학 독해 문제의 정답은 지문에 제시되어 있다. 지문을 읽지 않고 배경 지식으로만 문제를 풀려고 하는 습관은 버리고, 비문학 독해 문제의 정답은 꼭 지문을 근거하여 찾도록 하자!

DAY 01 ~ 30

DAY 01

제한 시간: 3분 **시작**: 시 분 ~ **종료**: 시 분 **점수 확인**: / 3개

1 다음 글에 대한 설명으로 적절하지 않은 것은?

월트 디즈니는 상업 미술가로 시작했으면서도 평생 꿈을 잃지 않은 사업가였다. 그러나 월트가 성공의 정점까지 올라설 수 있었던 힘은 바로 실험 정신과 맞물린 끝없는 상상력이었다. 몽상은 디즈니 창의력의 원천이었다.

전해지는 이야기에 따르면, 월트는 학창 시절 미술 시간에 꽃을 그리라는 숙제를 받았다고 한다. 어린 월트는 꽃송이마다 한가운데에 얼굴을 그려 넣어 작품을 멋있게 꾸몄는데, 지금의 전형적인 필치이며 어떤 의미에서는 디즈니의 많은 애니메이션 캐릭터의 전조로 볼 수 있었다. 선생님은 이 소년의 파격에 그다지 감명을 받지 못했고 백설 공주의 사악한 왕비처럼 마법의 거울을 갖고 있지 못했으므로 이 독창적인 천재를 알아보지 못했다. 그는 자신이 꾸었던 꿈으로 역사상 가장 유명한 사람이 될 터였다.

본인이 위대한 몽상가였으므로 월트는 휘하의 장인들과 수백 명의 직원들도 마음껏 상상력을 펼치도록 독려했다. 그는 아무도 수고스럽게 창의성을 자극하지 않기 때문에 직원들 사이에서 창의력이 고갈되어 버린다는 사실을 알고 있었다. 그래서 많은 기업들이 으레 그러듯 한 가지 특정 목적으로만 사람을 뽑아 한 자리에 고정시키기보다는 모든 직원들의 아이디어를 환영했을 뿐 아니라 그러한 아이디어를 실현시키기 위해 활발히 노력했다.

꿈은 아이디어를 낳고, 아이디어는 기업의 생명력인 혁신을 낳는다. 그러나 월트 디즈니는 꿈을 실현하려면 원칙과 동료 및 직원과 고객을 굳게 믿어야 한다는 것을 본능적으로 알고 있었다.

① 어린 월트의 그림에는 현재 디즈니 캐릭터의 전형이 드러난다.
② 월트는 직원들에 대한 신뢰를 바탕으로 그들의 아이디어를 적극 수용한다.
③ 선생님은 월트의 작품을 이해하지 못하고 월트에게 다시 그림을 그리게 했다.
④ 월트는 직원들의 창의력을 자극하기 위해 직원들에게 고정된 역할을 부여하지 않았다.

2 다음 글의 주된 서술 방식은?

알루미늄 캔이든 유리병이든 모든 음료수 용기는 원통형이다. 반면 우유 팩은 거의 언제나 횡단면이 직사각형이다. 제품을 진열할 때 횡단면이 직사각형인 용기가 원형인 용기보다 공간 활용도가 높다. 그렇다면 왜 음료수 제조업자들은 원통형 용기를 고수하는 것일까?

한 가지 가능성은, 음료수가 원래 용기에 담긴 상태 그대로 소비되기 때문일 것이다. 그 경우 원통형이 손에 잡기 더 편하기 때문에 원통형 용기를 진열하는 데 따르는 추가 비용이 정당화되는 것이다. 이와 달리 우유는 용기에 담긴 그 상태로 소비되기보다는 컵 등에 일정량씩 옮겨져 소비되는 게 일반적이다.

설령 대부분의 사람들이 우유를 다른 용기에 따라 마시지 않고 팩에 든 그대로 마신다고 해도 비용 편익의 원리에 따라 우유 팩의 디자인이 원통형으로 바뀔 가능성은 거의 없다. 내용물이 무엇이든 사각형 용기는 공간 활용 면에서 경제적이지만, 그렇게 절약되는 공간은 음료수보다 우유의 경우에 더 가치가 높다. 슈퍼마켓에서 대부분의 음료수는 일반 선반에 진열되는데, 이런 선반은 구매 비용도 저렴하고 운영 비용은 거의 들지 않는다. 그러나 우유는 예외 없이 구매 비용도 비싸고 운영 비용도 적잖이 들어가는 냉장 유리장에 진열된다. 따라서 우유 진열장의 공간이 더 가치가 높고, 결과적으로 우유는 사각 용기에 담아야 더 큰 부가적인 편익이 발생하는 것이다.

① 예시
② 서사
③ 대조
④ 분석

3 다음 글을 통해 추론한 내용으로 적절한 것은?

광선이 프리즘을 통과했을 때 나타나는 색깔인 무지개 색이 일곱 가지라고 생각하는 것은 우리가 색깔을 분류하는 말이 일곱 가지이기 때문이라는 것이다. 즉, 서로 인접하고 있는 색, 예컨대 녹색과 청색 사이에는 분명한 경계선이 있는 것이 아니다. 그 경계선은 아주 녹색도 청색도 아니다. 그 부분을 지칭하는 단어가 있다면 그런 모호한 색깔도 분명하게 인식될 것이다. 그러나 그런 말이 없기 때문에 우리가 그 색을 분명히 인식하지 못하는 것일 뿐이다. 사실 프리즘을 통해 나타나는 색은 수십, 수백 가지로 분류될 수 있으며 반대로 두 가지 혹은 세 가지 종류만으로 나누어질 수도 있다. 실제로 쇼나 말(로데시아에서 쓰이는 말)에서는 이 무지개 색을 오직 세 가지 색만으로 표현한다. 이 말에서는 빨강과 주홍 그리고 자주색을 한 범주로 보고, 청색과 초록의 일부(진한 부분)를 한 가지 색으로 보고, 초록의 연한 부분과 노란색을 한 가지로 본다. 즉, 이들은 우리가 일곱 가지로 보는 색을 세 가지로밖에는 인식하지 못한다.

우리 국어에서도 초록, 청색, 남색을 모두 푸르다(혹은 파랗다)고 한다. '푸른(파란) 바다', '푸른(파란) 숲', '푸른(파란) 하늘' 등의 표현이 그것을 말해 준다. 따라서 어린이들이 흔히 이 세 가지 색을 혼동하고 구별하지 못하는 일도 있다. 분명히 다른 색인데도 한 가지 말을 쓰기 때문에 그 구별이 잘 안 된다는 것은, 말이 우리의 사고를 지배한다는 뜻이 된다. 이와 같은 이론을 가리켜 '언어의 상대성 이론'이라고 한다.

① 인간은 자신이 사용하는 언어를 통해 세계를 인식할 것이다.
② 여러 가지 색을 직접 본 어린이는 명칭이 같더라도 색을 구별할 것이다.
③ 서로 다른 언어를 사용하더라도 동일한 장면에 대해 똑같이 해석할 것이다.
④ 인간이 경계가 모호한 색을 인식하지 못해서 그에 대한 명칭이 생기지 못한 것이다.

정답 및 해설 p. 2

DAY 02

제한 시간: 3분 **시작**: 시 분 ~ **종료**: 시 분 **점수 확인**: / 3개

1 다음 글의 글쓰기 방식으로 적절하지 않은 것은?

인간 사회와 더불어 오래전부터 존재해 온 기술은 산업 혁명 이후 매우 빠른 속도로 발전을 거듭해 왔다. 그에 따라 기술의 영향력은 날로 증대되어 오늘날 우리는 그 누구도 기술의 영향에서 벗어날 수 없게 되었다.

그렇다면 기술의 발전은 삶의 질을 높이고 사회를 진보시키는 데 긍정적인 영향만을 미치는가? 그렇지는 않다. 기술의 발전은 인간과 사회에 긍정적인 영향과 부정적인 영향을 동시에 미친다. 이러한 이유로 기술에 대한 사회적 통제의 필요성이 제기되었다. 이에 부응하여 등장한 국가 기술 정책의 수단이 기술 영향 평가(technology assessment)이다. 기술 영향 평가는 전문가와 이해 당사자 및 일반 시민들이 특정한 기술의 사회적 영향을 평가한 다음, 긍정적 영향은 극대화하고 부정적 영향은 최소화할 수 있도록 기술 변화의 방향과 속도를 통제하는 것을 목표로 한다.

초창기의 기술 영향 평가는 이미 개발된 기술이 사회에 미치는 영향을 사후에 평가하고 처방하는 데 주력하는 경향이 있었다. 그러나 이러한 사후적 평가와 처방은 기술에 대한 '통제의 딜레마' 문제에 부딪히게 되었다. 통제의 딜레마란, 비록 기술 영향 평가를 통해 어떤 기술이 문제가 많다고 판단될지라도, 그 기술의 개발이 이미 상당히 진행되어 있는 상태라면 그것을 중단시키는 일이 거의 불가능하게 되는 상황을 말한다. 이 딜레마는 기술에 대한 사회적 통제를 어렵게 만든다. 결국 통제의 딜레마로 인해 사후적 기술 영향 평가는 기술을 통제하고자 했던 원래의 목적을 달성하는 데 한계를 드러내게 되었다.

이 딜레마를 극복하고자 기술 개발의 전 과정에 대한 지속적인 평가를 통해 기술 변화가 사회적으로 바람직한 방향으로 이루어지도록 적극적으로 유도하는, 사전적이고 과정적인 기술 영향 평가가 새롭게 등장하였다. 기술이 일방적으로 사회에 영향을 미치기만 하는 것이 아니라, 사회도 기술 변화의 내용이나 속도에 영향을 미칠 수 있다는 기술 사회학적 인식이 그 배경이 되었다.

① 자문자답의 형식으로 화제를 제시하고 있다.
② 전문적인 용어를 쉽게 풀이서 설명하고 있다.
③ 대상의 발전 과정을 설명하고 있다.
④ 대상과 관련된 상반된 관점을 비교하여 절충안을 마련하고 있다.

2 괄호 안에 들어갈 말로 가장 적절한 것은?

근대의 박물관과 미술관은 봉건 귀족의 권력을 물려받은 부르주아가 자신들의 권력을 자랑하는 곳이기도 했다. 박물관과 미술관은 일종의 명예의 전당이었다. 한 예술 작품이 그곳에 전시되면 그 작품의 사회적 가치는 전시되기 이전과 비교할 수 없을 정도로 높아졌다. 박물관과 미술관에 전시된 작품들은 막강한 권위를 행사했다. 사람들은 미술관에는 아무 작품이나 전시되는 것이 아니라고 생각했다. 미술 평론가들의 엄격한 심사를 거친 수준 높은 작품만이 미술관에 전시된다고 생각했다. 그 결과, 미술관에 전시되느냐의 여부가 예술가의 품위와 격을 가늠하는 잣대가 되었다. 미술관에 작품이 전시된다는 것은 곧 (   )

종교적 시설이나 귀족의 궁전에 전시되어 있던 과거의 예술 작품들은 새롭게 만들어진 공개 시설인 미술관으로 자리를 옮겼고, 이에 따라 예술 작품들의 사회적 지위는 한없이 높아졌다.

① 그 작품이 종교적인 의미를 배제하고 예술 그 자체로서 인정받았음을 의미했다.
② 그 작품이 예술가와 부르주아 간의 긴밀한 관계를 드러내는 것이었음을 의미했다.
③ 그 작품이 미술관의 사회적 가치를 높여줄 수 있는 수단으로 여겨졌음을 의미했다.
④ 그 작품이 비평의 관문을 통과해 당당히 예술 작품으로 인정받기 시작했음을 의미했다.

3 다음 글의 전개 순서로 가장 자연스러운 것은?

㉠ 깃털은 소모품으로 빠지고 다시 나므로 이런 먹이를 계속 먹어 줘야 붉은 톤을 유지할 수 있다.
㉡ 그런데 홍학에는 베타카로틴을 만드는 세포가 없다.
㉢ 얕은 바다에 수만 마리가 떼 지어 있는 홍학의 붉은색은 베타카로틴이라는, 노란색에서 빨간색의 범위에서 색을 낼 수 있는 색소 덕분이다.
㉣ 대신 홍학의 먹이인 조류(藻類)와 갑각류에 존재하는 베타카로틴이 깃털을 만드는 세포로 이동해 이런 색을 띠게 된다.

① ㉢ - ㉠ - ㉡ - ㉣
② ㉢ - ㉠ - ㉣ - ㉡
③ ㉢ - ㉡ - ㉠ - ㉣
④ ㉢ - ㉡ - ㉣ - ㉠

정답 및 해설 p. 3

DAY 03

제한 시간: 3분 **시작**: 시 분 ~ **종료**: 시 분 **점수 확인**: / 3개

1 ㉠에 들어갈 이유로 가장 적절한 것은?

인간의 사회적 행위는 흡사 연기자가 무대에서 연기하는 것과 같다. 사회적 행위의 동기, 표출 방법, 사회 관계의 진행 과정 모두가 연극의 각본과 무대의 장치 및 관객의 세팅처럼 상황 조건 속에서 이루어진다. 현실 공간에서 이루어지는 모든 대인 관계는 주변 사람들의 눈치를 보게 된다. 그래서 함부로 행동할 수 없고 주위 사람들의 기대가 무엇인가를 면밀히 저울질한 후 행동하게 된다. 젊은 청년들은 주위에 아름다운 여성들이 있으면 행위가 매우 신중해진다. 사회적 지위가 낮은 사람들은 지위가 높아 보이는 사람들 앞에서 겸손하고 신중한 행동을 하려고 한다. 절도범들은 주위에 지켜보는 사람들이 많거나 경찰이 있으면 절도 행위를 자제한다. 사람들은 화가 나거나 기뻐도 주위에 낯선 사람들이 있으면 자신의 감정 표현을 자제하다가 가족이나 친구를 만나면 큰 소리로 외치며 자신의 기쁜 소식을 전한다. 이처럼 주위 사람들은 우리의 사회적 행위에 지침이 되고 함부로 행동할 수 없게 하는 감시자 역할을 한다.

그러면 사이버 공간에는 어떤 감시자가 있는가? 사이버 공간에서 무례하게 행동하면 누가 눈치를 주는가? 외롭고 지치면 어떤 사람을 찾아가 어떻게 마음을 털어놓을 수 있는가? 칭찬 받을 만한 일을 했을 때 누가 어떻게 나를 칭찬해 줄 수 있는가? 사이버 공간에서 이런 일들이 현실 공간에서처럼 이루어질 수 있다는 해답을 쉽게 할 수 없다. 왜냐하면 (㉠) 사이버 공간에서는 상대방의 얼굴 표정을 살피고 입고 있는 옷차림을 보고 지위의 높낮이를 추측할 수 없다. 그리고 주위에 얼마나 많은 사람들이 어떤 비슷한 생각을 하고 있는지도 가늠하기 어려워 내가 취할 행위의 방향을 결정하기 어렵다.

① 사이버 공간에는 인간의 사회적 행위에 대한 구체적인 지침이 마련되지 않았기 때문이다.
② 사이버 공간에서는 사회적 지위를 중요하게 여기지 않기 때문이다.
③ 우리는 사이버 공간에서 대면적인 상황과 달리 의사소통을 위한 상징 교환이 제한되어 있기 때문이다.
④ 우리는 사이버 공간 속에서도 현실 공간과 동일하게 사회적 행위가 이루어짐을 인지하지 못하기 때문이다.

2 다음 글에 대한 이해로 가장 적절하지 않은 것은?

인간은 사고하는 존재이며 그 사상은 언어로 표현된다. 그러므로 언어는 사람의 인격과 사상의 표현이라고 할 수 있다. 사람은 대화를 통해 감정과 의사를 표현하고, 또 타인의 감정과 의사를 전달받는다. 어린아이가 이런 대화를 통해 인격이 형성되고 자아가 자란다는 것을 볼 때 얼마나 대화가 중요한지를 생각해 보아야 한다.

사람은 누구나 여러 감정에 노출된다. 분노, 슬픔, 증오와 같은 나쁜 감정에 사로잡히게 되는 경우, 우리는 몇 마디 대화로 그런 감정에서 깨끗이 벗어날 수 있다는 것을 경험한다. 대화는 사람을 살리기도 하고 소생시키기도 하는 힘이 있는 것이다. 일방적인 말이 아닌 상호 간의 주고받는 대화는 상대의 감정을 잘 이해하도록 하고 그 대화를 통해 힘을 얻기도 한다. 또한 대화는 지식이나 정보를 서로 교환하고 지혜를 얻을 수 있는 장점이 있다. <중 략>

예전에는 스피치가 설교자나 대중 연설가, 정치인들에게만 필요한 것으로 인식하였다. 그러나 요즘은 개개인의 스피치 능력을 중시하는 시대이다. 물론 자기 분야에서 실력을 갖추어야 하지만 그것만으로는 충분하지 않다. 그 실력을 효과적으로 전달하여야 자신의 능력을 평가 받을 수 있기 때문이다. 오늘날 스피치는 우리 삶의 깊숙한 곳까지 파고들어 오고 있다. 미디어의 발달로 스피치의 능력이 더욱 요구되고 있다.

① 대화는 아이의 인격 형성에 영향을 끼친다.
② 혼잣말로 부정적인 감정을 해소할 수 있다.
③ 가치관은 그 사람이 사용하는 언어를 통해 드러난다.
④ 자신의 일을 효과적으로 설명할 수 있으면 그 능력을 인정받을 수 있다.

3 ㉠의 예로 적절하지 않은 것은?

미장센의 대상은 분명 사각형의 프레임 내부로 제한되지만, 동시에 프레임 밖 공간에 대한 고려도 함께 이루어져야 한다. 영화에서 화면 밖 공간은 ㉠ 외화면(off-screen)이라고 한다. 외화면은 비록 관객의 눈에 보이지 않는 공간이지만 프레임 내부 화면과 연결되어 엄연히 존재한다는 점에서 감독이 미장센을 구성할 때 신경 써야 할 부분이 된다. 이처럼 프레임 바깥 공간이 중요한 역할을 한다는 사실은 영화의 프레임을 회화의 프레임과 결정적으로 갈라놓는 지점이다. 한정된 공간 안에 모든 것을 완성시키는 회화와 달리 영화는 '세상을 향해 열린 창'의 느낌을 줘야 하며, 실제로 관객은 영화를 볼 때 프레임 상으로는 보이지 않는 화면 밖 공간까지도 충분히 느끼고 인식하게 된다. 외화면은 프레임 안 공간과 유기적으로 작동해야 하는데, 이때 사운드는 외화면과 프레임 내부 화면을 연결하는 데 중요한 역할을 한다.

① 어두운 집안을 비추고 있지만 닭 우는 소리를 삽입하여 아침이 밝았음을 암시해 주는 장면
② 통화를 하고 있는 사장의 나가라는 손짓을 클로즈업하여 누군가가 사장실로 들어왔음을 나타내는 장면
③ 시골길을 걷고 있는 주인공의 뒤로 평상에 누워 잠든 사람을 흐릿하게 비추어 평화로운 분위기를 그려낸 장면
④ 어두운 골목에 주인공이 숨어 있는 장면과 발자국 소리를 통해 누군가 쫓아오고 있다는 공포감을 조성한 장면

정답 및 해설 p. 4

DAY 04

제한 시간: 3분 **시작**: 시 분 ~ **종료**: 시 분 **점수 확인**: / 3개

1 **다음 글에 나타난 필자의 견해로 볼 수 없는 것은?**

입양과 관련하여 수의사로서 언급하고 싶은 점이 몇 가지 있는데, 그중 하나는 어린 개체의 입양 시기다. 어미젖을 먹는 기간이나 새로운 환경에 적응하는 능력 등을 고려할 때 적어도 8주 이상은 된 개체를 입양하는 것이 좋다. 지나치게 어릴 때 입양하게 되면 신체적으로나 정서적으로 평생 문제가 될 수도 있다. 그리고 입양 당일 동물 병원에 들러 기초적인 건강 상태를 점검하고 구충(驅蟲)을 실시하는 것을 권한다. 대개의 경우 큰 비용이 들지 않으며, 전문가에게 많은 조언을 얻을 수 있는 계기가 되기도 한다. 백신은 대략 1주일이나 열흘가량 새로운 환경에 적응한 후 실시하는 것이 좋다. 새로운 환경에 적응하는 것도 스트레스고 백신 접종 역시 그러한데, 스트레스가 가중되는 것은 어린 개체에게 큰 문제가 될 수 있기 때문이다. 새로운 온도, 습도, 먹이, 잠자리, 동거인 등 새로운 환경에 완전히 적응하는 데는 두세 달 이상 걸릴 수도 있으나, 평균적으로 기본 생활 부분은 2~3주 안에 적응하게 된다. <중 략>

새로운 동물을 만나기 전 혹은 만난 이후 적절한 사료나 그릇, 깔개나 용변 처리 도구 등을 준비하는 것도 중요하지만, 대하는 자세를 가다듬는 것도 그 못지않게 중요하다. 사육하는 것이 아니라 함께 살아가는 것이기 때문이다. 아이를 대하듯 하면 된다는 점이 포인트다. 학대하거나 소홀히 해도 안 되지만, 너무 잘해 주려고 안달하거나 조급하게 서둘러서도 안 된다. 그러면 꼭 탈이 난다. 새로 입양된 동물에게 가장 큰 적은 그들을 장난감처럼 대하는 어린이들과, 그 광경을 보고도 호들갑을 떨며 재미있다고 부추기는 어른들이다. 그런 행동은 낯선 환경에 적응하기에도 벅찬 녀석들에게 스트레스를 두 배 세 배 가중시키는 셈이다.

① 동물이 태어나자마자 입양하는 것은 좋지 않다.

② 입양한지 얼마 되지 않은 동물을 대할 때는 중간을 지키는 것이 좋다.

③ 입양 당일에는 건강 상태를 점검하고 백신을 접종하는 것이 중요하다.

④ 새로운 동물을 맞이할 때 주변 환경을 정비하는 것뿐 아니라 마음가짐을 다잡는 것이 필요하다.

2 내용의 전개에 따라 바르게 배열한 것은?

(가) 우리나라에서는 이런 문제를 해결하고 시장에 활력을 불어넣고자 하는 많은 사업이 시도되고 있으며 일정 부분에서는 그 효과가 나타나는 곳도 있다. 그러나 문제는 그 효과가 일부에 국한되고 한시적이라는 데 있다.

(나) 이러한 전통 시장이 어느 순간부터 이러저러한 이유로 활력을 잃어가고 있다. 이는 비단 우리나라만의 문제가 아니라 전 세계적 추세인 것 같다. 물론 개중에는 많은 노력으로 나날이 번성하는 시장도 있기는 하나 대다수의 시장은 시장 내외적 요인으로 어려움에 봉착해 있다.

(다) 어느 나라건 생생하게 살아 있는 삶의 참모습을 보고 싶으면 그 나라의 전통 시장을 가 보면 된다. 전통 시장은 그 나라 또는 지역의 역사와 문화가 고스란히 남아 있는 지역 주민들의 삶의 현장이기 때문이다.

(라) 이런 문제의 원인은 여러 가지가 있겠으나, 가장 큰 문제는 현재까지 진행되어 온 대부분의 시장 활성화 사업이 시장 내부 즉, 상인들의 자발적이고 자기 주도적 사업이 되지 못했다는 것이다. 상인들이 스스로 사업에 대해 이해하고 적극적으로 참여해야 함에도 대부분은 정부와 지자체의 보조금과 외부 전문가의 활동에만 의존하는 데 그치고 있기 때문에 시장 활성화 사업의 효과가 내재화되지 못하고 지속적이지 못한 것이다.

① (가) – (다) – (나) – (라)
② (가) – (라) – (다) – (나)
③ (다) – (나) – (가) – (라)
④ (다) – (라) – (나) – (가)

3 <보기>의 ㉠, ㉡에 들어갈 단어로 가장 옳은 것은?

보기

불온성의 감정은 기대한 행동이나 반응에서 벗어나는 (㉠)로 인해, 당연히 예상했던 궤적의 어떤 교란에서 발생한다. 우리의 사고나 행동을 규제하는 '정상적' 분할의 선들을 횡단하며 밀고 들어오는 침범에서, 그 앞에서 느끼는 당혹에서 온다. 그러나 이것이 다는 아니다. 다른 한편 불온성은 그렇게 밀고 들어온 것에 휘감겨 뜻밖의 곳, 알 수 없는 어딘가, 가고 싶지 않았던 어딘가로 말려드는 것은 아닌가 하는 '불안'에서 온다. 저 멀리 있다고 느끼던 어떤 것이 덮쳐와 나를 잠식하고 시뻘건 바다로 침몰시키는 것이 아닌가 하는 예감에서 온다. 전자가 보이지 않던 것, 구석으로 제쳐두었던 것이 난데없이 불쑥 튀어나오는 현재적 (㉡)에 의해 발생한다면, 후자는 그것이 침범하며 흩어 놓은 선들이 나를 휘감아 더러운 물속에 잠기게 할 것 같은, 미래 시제를 갖는 어떤 예감에 의해 야기된다.

	㉠	㉡
①	박탈(剝奪)	출발(出發)
②	이탈(離脫)	출현(出現)
③	박탈(剝奪)	출현(出現)
④	이탈(離脫)	출발(出發)

정답 및 해설 p. 5

DAY 05

제한 시간: 3분 **시작**: 시 분 ~ **종료**: 시 분 **점수 확인**: / 3개

1 다음 글의 주장으로 가장 적절한 것은?

소비는 도취의 힘을 갖고 있다. 소비는 매혹적이다. 한 편의 잘 만들어진 상업 영화를 소비할 때 우리는 잠시나마 세상의 근심에서 벗어날 수 있다. 맛있는 음식은 미각 세포를 즉각적으로 흥분시키고, 마음에 드는 옷 한 벌은 피부의 세포들을 자극해 황홀경으로 이끈다. 하지만 소비는 풍요(豐饒)를 약속하는 듯해도, 또 다른 소비로 이어지는 채워지지 않는 밑 빠진 독과도 같다. 채워지지 않기 때문에 욕망이라 한다. 욕망은 채울 수 있다는 기대로 포장된 유혹이다. 욕망은 채워지지 않기 때문에, 혹은 채워질 것 같은 그 순간 또 다른 욕망으로 치환되기 때문에, 욕망에 저당 잡힌 인생의 행로는 끝이 없다. 욕망의 악순환에서 벗어날 탈출구는 소비주의에도 세속적 성공에도 없다.

소비주의에 의해 잠식당한 영혼이 때로 럭셔리나 트렌디함이라고 혼동하고 있는, 그래서 본래의 뜻을 잃어버린 풍요라는 단어의 뜻에 대해 생각해 본다. 풍요는 좋은 삶을 누리는 사람에게만 허락된 행복이다. 풍요로운 곳은 비싼 옷과 희귀한 음식이 넘쳐흐르는 곳이 아니라, 좋은 삶이 펼쳐지는 터전이다. 이전에 비해 비싼 옷을 입고 예전에는 꿈도 꾸지 못했던 기름진 음식을 매끼 먹고 있지만, 풍요로운 삶과 거리가 멀다고 느껴진다면, 어느새 우리가 좋은 삶에서 멀어진 채 하루하루를 살고 있다는 뜻일 것이다.

① 진정한 풍요는 욕망을 비우는 것에서 시작한다.
② 소비는 욕망에 사로잡히게 하여 좋은 삶을 살 수 없게 한다.
③ 좋은 삶을 살기 위해서는 올바른 소비 습관을 지녀야 한다.
④ 현대인의 공허함은 소비가 아닌 대화를 통해 해결해야 한다.

2 다음 글의 내용과 부합하는 것은?

공룡 발자국 화석처럼 공룡이 남긴 흔적 화석을 연구하면 어떤 점들을 알 수 있을까? 첫째, 공룡의 정확한 종(種)을 구체적으로 알 수 없지만, 어느 종류에 해당하는지 밝혀낼 수 있다. 두 발로 사냥을 했던 수각류 공룡에 해당하는지, 아니면 육중한 몸집과 긴 목을 가지고 네 발로 이동했던 용각류 공룡에 속하는지, 혹은 두 발 보행과 네 발 보행을 모두 할 수 있었던 초식 공룡인 조각류 공룡에 속하는 공룡인지를 발자국만 관찰하고도 쉽게 결론 낼 수 있다. 둘째, 공룡 발자국을 남긴 공룡들의 행동학적 습성을 알 수 있다. 즉, 혼자 단독 생활을 했는지 아니면 가족을 이뤄서 함께 살았는지도 밝힐 수 있는 직접적인 증거를 제시하기 때문이다. 세 번째로는, 공룡이 당시에 어떤 환경에서 발자국을 남기면서 이동했는지를 알 수 있다. 빗방울 자국이 함께 찍혀 있다면 비가 내렸다는 사실을 알 수 있으며, 발자국이 남겨진 퇴적물의 상태가 수분이 얼마나 많았는지도 연구할 수 있다. 네 번째로는 발자국의 주인공인 공룡이 얼마나 빨리 걷거나 뛰었는지 파악할 수 있다.

① 흔적 화석을 통해 공룡의 크기를 알 수 있다.
② 흔적 화석을 통해 공룡의 나이를 알 수 있다.
③ 흔적 화석을 통해 공룡의 이동 속도를 파악할 수 있다.
④ 흔적 화석을 통해 공룡의 이동 경로를 파악할 수 있다.

3 다음 글을 읽은 독자의 반응으로 적절한 것은?

종이 책은 인류의 지식 문화를 이끈 대표적인 매체이기도 하지만 종이는 지구 온난화를 촉진하는 대표적인 산업이기도 하다. 그뿐만이 아니다. 최근 종이 책에 들어가는 제작, 인쇄, 유통 등의 비용이 과도해지자 출판사는 잘 팔리지 않는 책은 더 이상 출간하지 않고 있다. 지식 문화에 대한 독자의 욕구는 점점 다양해지는데, 종이 책은 오히려 독자들의 욕구와 다른 방향으로 가고 있는 것이다.

하지만 인류가 사상과 철학, 정보를 전달하고 저장할 방법으로 문자와 기록 매체를 발명하고 종이 책으로 진화해 왔듯이 현대 사회에서 더욱 복잡해진 사상과 철학과 정보를 영구히 저장하고 전달하기 위해 디지털 유무선 통신을 기반으로 하는 전자책이라는 새로운 매체를 만들어 냈다. 이것이 바로 책의 4차 혁신이다.

책은 인류 역사상 가장 먼저 등장한 미디어이며 가장 오랫동안 영향력을 행사했고 앞으로도 소멸되지 않을 미디어이다. 그러나 지금 책은 종이 책이라는 물리적 형태에서 벗어나 다양하고 새로운 미디어와 결합함으로써 끊임없이 새로운 가치를 만들어 내는 새로운 미디어로 거듭나고 있다. 그 혁명은 이제 시작에 불과하다.

① 사람들이 독서를 멀리함에 따라 종이 책에 대한 수요는 점점 감소하겠군.
② 전자책은 사상과 철학, 정보를 영구하게 저장할 수 있으므로 제작 비용이 비싸겠군.
③ 책은 앞으로도 소멸되지 않을 기록 미디어이므로 종이 책의 종류도 점점 다양해지겠군.
④ 종이 책에서 전자책의 형태로 진화한 것처럼 앞으로는 더 진화된 형태의 책이 등장하겠군.

정답 및 해설 p. 6

DAY 06

제한 시간: 3분 시작: 시 분 ~ 종료: 시 분 점수 확인: / 3개

1 다음 글에 대한 설명으로 적절하지 않은 것은?

인류는 상호 협동으로, 일개인으로서는 도저히 이루어내지 못할 일을 이루어낼 수 있다. 이를테면 성곽을 쌓아 올린다든지, 피라미드와 같은 거창한 것을 만드는 데에는 많은 사람의 동시적 협동이 필요한 것이다. 그러나 이러한 방식은, 개미의 협동과 근본적으로 다른 것은 못 된다. 개미가 협동해서 무거운 물건을 나르는 것과 근본적으로 다를 바 없기 때문이다.

인간은 이러한 동시적 협동 이외에, 말하자면 계기적인 협동이 가능하다. 즉 인류는, 한 사람이 습득한 기술이나 경험을, 다른 사람에게 전수할 수 있는 능력을 가졌다. 다른 동물은 몇 세대가 경과되더라도 일정한 기술의 한계를 넘어서기는 매우 어렵다. 아니 거의 불가능하다. 이것은 한 개체가 습득한 기술이나 경험을, 다른 개체에게, 또는 다음 세대에게 전수하는 힘이 거의 없기 때문이다. 그러나 인류는, 한 개인이 습득한 기술이나 경험을 다른 개인에게, 또는 다음 세대에게 전수할 수 있는 힘을 가졌기 때문에, 다른 개인이나 다음 세대는, 앞 사람이 경험한 일을 토대로 해서, 여기에 새로운 기술이나 경험을 더 쌓아 올리게 되는 것이다.

그런데 이러한 기술이나 경험을 전수할 수 있는 것은, 오로지 인간은 말을 할 수 있기 때문이다. 인류에게 말할 수 있는 천부적 자질이 부여되지 않았더라면, 인류는 지식의 교환·전수가 거의 불가능했을 것이고, 따라서 오늘날과 같은, 다른 동물 사회에서 도저히 볼 수 없는, 고도로 발달된 인류의 문화 체계는 성취되지 못했을 것이다. 이렇게 인간은 말을 통해서 상호 작용을 할 수 있게 되고 협동을 하게 된다.

① 개미는 동시적 협동이 가능한 존재이다.
② 모든 동물은 기술이나 경험을 전수할 수 있는 존재이다.
③ 인간은 태어날 때부터 가진 능력을 통해 협동하는 존재이다.
④ 인간은 이전 세대의 경험을 다음 세대로 전수하며 발전하는 존재이다.

2 다음 글을 뒷받침하는 사례로 적절하지 않은 것은?

밖에는 찬 바람이 몰아치고 솜이불도 변변찮은 한겨울을 지내기는 험한 일이다. 이런 때 창호지 한 장으로 막은 창문의 틈새로 바람이 새어 들고 문풍지가 떨리면 자식을 품은 부모의 가슴은 더욱 시리다. 문풍지 사이로 드는 바람에 얼굴을 가져가면 찬 기운이 살을 엔다. 바늘구멍만한 틈으로 새어 드는 바람 끝은 왜 그리 시린 걸까? 아마도 가난한 마음으로 맞는 바람이기 때문이다. 그러나 그것만은 아니다. 실제로 문틈으로 새어 드는 바람 끝은 활짝 열린 창으로 드는 것보다 훨씬 세다.

18세기 스위스의 과학자 베르누이는 통로가 좁은 곳을 통과하는 공기는 통로가 넓은 곳을 지나는 공기보다 속도가 빨라진다는 것을 발견했다. 이것은 공기뿐만 아니라 모든 유체에서 마찬가지이다. 임진왜란 때 이순신 장군은 명량 해전에서 겨우 12척의 전함만으로 4백여 척이 넘는 왜군의 대선단을 크게 무찔렀다. 이 전투에서 이순신 장군이 이용한 것이 바로 베르누이의 정리이다.

해남군 문내면의 바닷가와 진도군 군내면 녹진 사이를 가르는 울돌목이라는 좁은 바다가 있다. 이곳은 길목이 좁아 밀물이나 썰물에 바닷물이 드나들 때에는 일시에 좁은 통로로 통과하기 때문에 물살이 엄청나게 빠르다. 이순신 장군은 바로 이곳의 센 물살을 이용해 승리했다. <중 략>

대양에서는 큰 배가 지나갈 때 옆을 지나던 작은 배들은 큰 배에 이끌려 충돌하는 일이 많다. 이것은 큰 배를 스쳐 지나가는 물살이 빠른 곳에서 압력이 낮아져 옆을 지나던 작은 배가 이곳으로 당겨지기 때문이다.

① 개울의 폭이 좁아지자 나뭇잎이 더 빠르게 떠내려간다.
② 더운 여름날 좁은 골목길에 들어서자 시원한 바람이 분다.
③ 높은 산의 정상에 올라서자 갑자기 귀가 먹먹해졌다.
④ 빠르게 지나가는 버스 옆에서 몸이 버스 쪽으로 쏠리는 느낌을 받았다.

3 다음을 논리적 순서로 배열한 것은?

(가) 그러나 인류가 마음껏 사용하면서 고갈되지 않고, 더구나 환경에도 영향을 미치지 않는 꿈의 에너지는 존재하지 않는다.
(나) 지금까지 인류는 '에너지원'을 찾아 헤맸다.
(다) 오늘날 에너지 위기는 '에너지원' 자체에 있다기보다 우리 사회가 에너지원을 어떻게 생산하고, 소비하며, 누가 선택하고 공급하는가의 문제와 연결된다.
(라) 석유, 석탄, 수소, 원자력, 천연가스, 재생 가능 에너지 등이 그것이다.

① (나) – (가) – (라) – (다)
② (나) – (라) – (가) – (다)
③ (라) – (가) – (다) – (나)
④ (라) – (다) – (가) – (나)

정답 및 해설 p. 7

DAY 07

제한 시간: 3분 **시작**: 시 분 ~ **종료**: 시 분 **점수 확인**: / 3개

1 다음 글을 통해 알 수 있는 내용으로 적절하지 않은 것은?

과학이 한참 발달한 서양에서는 18세기 말부터 기술도 크게 발달하기 시작했다. 뉴턴이 만유인력의 법칙을 발견한 것이 지금부터 3백 년 전인데, 서양에서 기술이 크게 발달하기 시작한 것이 그보다 대략 백 년 뒤, 그러니까 지금으로부터 약 2백 년 전부터의 일이었다.

그때까지 사람들은 무엇이건 만들 때에는 간단한 도구를 썼다. 복잡한 기계를 만들어 쓸 줄 몰랐다. 예를 들면 무명을 짜려면 우선 목화를 따서 씨아로 씨를 발라낸 다음 물레를 돌려 실을 뽑아내고 그 실을 베틀에서 무명으로 짜내는 것이 순서였다. 이 경우 베틀은 상당히 복잡한 것이긴 했지만 그것 역시 한 가지 도구일 뿐 그것이 기계라고 할 수는 없다. 베틀 하나에 사람 한 명이 달려 일해야 했고 그 베틀을 움직이는 힘은 그 사람에게서 나왔기 때문이다.

서양에서 기술이 갑자기 발달하기 시작한 것을 역사에서는 '산업 혁명'이라 부른다. 약 2세기 전부터 먼저 영국에서 여러 가지 편리한 기계가 발명돼 나왔고, 그 기계를 움직여 주는 동력으로는 수증기의 힘이 이용되기 시작했던 것이다.

기계에 수증기의 힘을 이용하는 장치로 발명된 것이 바로 증기 기관이었고, 제임스 와트는 실제 쓸 수 있는 증기 기관을 발명했기 때문에 산업 혁명의 주인공으로 손꼽히게 되었던 것이다. 산업 혁명은 도구를 만들어 쓰던 인간을 기계를 만들어 쓰는 인간으로 바뀌 주었다. 기껏해야 사람의 힘 아니면 동물의 힘, 그리고 바람과 물의 힘을 이용할 수밖에 없다고 생각했던 인간이 석탄 에너지를 이용하기 시작했다.

① 수증기는 증기 기관을 작동하게 하는 동력이다.
② 산업 혁명은 영국에서 기계가 발명된 후에 일어났다.
③ 서양에서 과학의 비약적인 발달은 기술의 발달을 이끌어냈다.
④ 도구는 복잡한 구조를 갖추어도 인간의 힘이 필요하므로 기계라 할 수 없다.

2 글쓴이의 견해에 부합하지 않는 것은?

법질서는 사회적 규범 질서이다. 법은 인간 상호 간의 관계와 사회에 대한 개인의 관계에서 지켜야 할 중요한 행동 양식을 규율한다. 사회는 법질서를 창설하고 법의 실현을 위한 기관을 둠으로써 법 공동체(Rechtsgemeinschaft)가 된다. 법 공동체적 삶에서 법은 그 구성원 각자에게 "너는 너의 삶을 영위해야 한다. 너는 질서 가운데서 그 삶을 영위해야 한다. 너는 법 속에서 그 삶을 영위해야 한다"는 실천적 삼단논법에 따른 명령을 내린다.

인간의 삶은 환경과의 관계를 포함한 모든 사회적 관계의 그물, 인간의 삶에서 조우하는 과거와 미래 그리고 인간의 내적 삶과 외적 삶의 모든 영역을 포함한다. 삶의 영위는 이런 영역 안에서 이루어진다.

인간은 이러한 모든 관계의 그물 안에서 타인의 자유를 고려하여 그것이 침해되지 않는 범위 안에서 자기 자신의 자유를 누릴 수 있다. 인간이 그의 삶을 질서 가운데서 영위해야 할 필요성의 근거가 바로 여기에서 발견된다. 질서는 한편으로 새로운 결정과 그 실천을 가능하게 해 줌으로써 결정의 확실성을 보호하며, 다른 한편으로 신뢰 가운데서 이런 결정을 수행하고 기획하도록 만들어 준다. 다양한 삶의 형태와 직업, 수많은 사회적 관계, 여러 가지 질서의 결합 형태인 사회에서는 하나의 질서가 다른 삶의 질서, 즉 통용되고 지배적인 삶의 질서와 충돌해서는 안 된다. 여기에서 통용되고 지배적인 삶의 질서가 바로 법에 해당한다.

① 법은 사회 내의 다른 질서와 충돌해서는 안 된다.

② 법은 사회적 규범이며 개인의 행동 양식을 정한다.

③ 법 공동체의 구성원은 정당한 사유가 있다면 법의 예외를 적용받는다.

④ 법 공동체의 구성원은 타인의 자유를 침해하지 않는 선에서 자유를 누린다.

3 다음 글의 주된 설명 방식이 사용된 것으로 가장 적절한 것은?

오늘날에는 '기후'를 알아야 한다. 과거에는 교과서에서나 볼 수 있었던 기후와 관련된 용어가 다양한 매체에 빈번하게 등장한다. 이상 기상은 계절을 가리지 않고 출현하며, 발생 시기나 장소가 따로 없이 전 세계 어디서, 언제든지 발생할 수 있다. 혹한과 폭염, 폭풍, 폭우, 폭설, 가뭄 등 이상 기상의 종류가 다양하고 규모도 커지면서 '관측 이래' 혹은 '100년 만의 최고'라는 기록을 쉽게 접할 수 있다. 이에 따라 기후 값의 의미가 퇴색하고 있는 실정이다.

이상 기상에 의한 피해도 증가하고 있다. 한국에서는 2002년 여름 강릉에서 기록된 폭우와 2010년 서울 등에 쏟아진 폭설, 2020년 전국에서 발생한 폭우는 정부에서 해당 지역을 특별 재난 지역으로 지정해야 할 만큼 피해 규모가 컸다. 그런가 하면, 2018년 여름에는 전국적 폭염으로 온열 질환자가 3배 이상 증가하였다. 당시 폭염은 전 세계적으로 맹위를 떨쳤으며, 프랑스에서는 폭염으로 1,500명에 가까운 사망자가 발생하였다. 2019년 9월에 발생하여 2020년 2월에 진화된 오스트레일리아 산불은 극심한 가뭄이 원인이었으며, 한반도 면적의 85%에 해당하는 숲과 수많은 인명, 야생 동물, 주택 등을 태웠다.

① 곤충은 머리, 가슴, 배로 나눌 수 있는데, 이때 머리의 더듬이는 곤충이 사물을 식별하는 데 도움을 준다.

② 일란성 쌍둥이가 같은 유전자를 가지더라도 외모와 성격이 다르듯이 같은 유전자를 가진 복제 인간과 복제 대상도 성격이 다를 것이다.

③ 소음은 일반적으로 불쾌하고 시끄러운 소리로 듣는 이에게 도움이 되지 않는 소리를 의미하며 반복적인 소음은 사람에게 신경과민을 유발한다.

④ 돌고래는 초음파를 통해 의사소통한다. 예를 들어 먼 거리에 방해물이 있는 경우 선두의 돌고래가 동료들에게 초음파를 통해 위험 신호를 보낸다.

정답 및 해설 p. 8

DAY 08

제한 시간: 3분 시작: 시 분 ~ 종료: 시 분 점수 확인: / 3개

1 다음 글의 글쓰기 방식에 대한 설명으로 적절한 것은?

"당신네 백인들은 그렇게 많은 화물을 발전시켜 뉴기니까지 가져왔는데 어째서 우리 흑인들은 그런 화물들을 만들지 못한 겁니까?" 뉴기니에 사는 원주민 얄리는 생태학자이자 진화 생물학자인 재레드 다이아몬드에게 이런 질문을 던진다. 여기서 '화물'은 과학 기술이 만들어 낸 문명의 이기(利器)를 의미한다. 호기심 많은 얄리의 궁금증으로부터 《총, 균, 쇠》가 탄생했다. 왜 근대 문명은 다른 대륙을 제치고 유럽에서 눈부시게 발달한 걸까? 인류의 지적 유산 중에는 아주 작은 호기심에서 비롯된 것들이 많다. '왜'라는 질문은 삶의 태도와 관점을 바꾼다. 당연한 것을 당연하게 받아들이지 않는 태도, 모든 것을 의심하고 근본적인 원인을 고민하는 자세가 우리에게 새로운 관점을 제공하고 낯선 세상을 선물한다.

인류의 운명을 바꾼 사건과 그 계기는 무엇이었을까? 빙하기가 끝날 무렵인 13,000년 전으로 시간 여행을 떠나 보자. 인류 문명은 인종이나 부족의 우열이 아니라 지리적 환경의 차이에서 출발했다. 같은 지역 안에서도, 근처 섬에 사는 부족 사이에도 문명의 발전 과정은 서로 달랐다. 인류의 탄생지인 아프리카, 과학 기술이 발달했던 중국은 왜 근대 이후 유럽에 세계사의 주도권을 뺏겼을까? 잉카와 마야, 중국의 운명은 어떻게 달라졌을까? 이들은 왜 유럽과 충돌해서 패배했을까?

재레드 다이아몬드는 그 이유로 무기(총) · 병균(균) · 금속(쇠)이라는 세 가지 요인을 지목한다. 정치 제도와 기후 변화, 지리적 특성 등의 환경적 요인이 총 · 균 · 쇠의 운명을 좌우했다. 하지만 이 책을 읽는 목적은 이렇게 몇 가지로 요약할 수 있는 결론을 얻기 위해서가 아니다. 결론 자체보다 거기에 도달하는 과정이 중요하다. 그 과정은 '차이'에 대한 폭넓은 관심을 반영한다. 개인과 개인, 국가와 국가, 인종과 인종, 문화와 문화, 대륙과 대륙 사이에는 미묘하지만 커다란 차이가 존재한다.

① 구체적인 수치를 활용하여 주장의 신뢰성을 강화하고 있다.
② 필자의 실제 경험을 제시하여 독자의 호기심을 이끌어내고 있다.
③ 자신과 다른 견해를 일부 인정하면서도 그 한계를 지적하고 있다.
④ 인과의 방식을 통해 유럽이 세계사의 주도권을 갖게 된 이유를 밝히고 있다.

2 문맥상 ㉠과 ㉡에 들어갈 말로 가장 적절한 것은?

평생을 함께한다는 결혼 서약은 지키면 좋지만 지키지 못해도 비난하지 못할 약속으로 이미 바뀌었다. 결혼이 자동적으로 제공했던 삶의 안정은 이제 낯선 것이 되었을 정도로 가족이라는 다인 가구의 삶 속에는 다양한 불안정 요인들이 (㉠)하고 있다. 성인 집단이 결혼, 이혼, 재혼 등을 통해 '같이 살기'로 진입하기도 하고 '같이 살기'에서 벗어나기도 하면서 일시적이든 장기적이든 혹은 길든 짧든 '혼자 사는' 사람의 숫자가 양적으로 늘어날 수밖에 없는 사회적 경향은 이미 돌이킬 수 없는 추세가 되었다. 가족은 어떠한 경우에도 절대 흔들리지 않는 무진동 안정판의 지위를 오래전에 이미 (㉡)했다.

	㉠	㉡
①	침투	획득
②	감소	상실
③	감소	획득
④	침투	상실

3 다음 글과 논증 방식이 가장 가까운 것은?

직장에서는 자상한 모습으로 일관하는 사람이 집에서는 엄하디 엄한 아버지로 군림하는 것은 드문 일이 아니다. 또한 사람이 많을 경우에는 수줍어 말도 못하던 친구가 친한 친구끼리 모였을 때는, 전혀 다른 대범함을 보여 주는 경우도 드물지 않다. 사람의 성격에는 여러 가지 측면이 있을 수 있다는 이야기이다.

선입관에 의해 형성된 첫인상이 위험한 이유가 여기에 있다. 여러 가지 측면이 있을 수 있는 상대의 성격을 극히 제한된 정보를 자기의 잣대로 재단하여 자기 마음대로 형성된 것이 첫인상이기 때문이다.

① 예술은 인간의 삶을 풍요롭게 한다. 음악은 인간이 가장 쉽게 접할 수 있는 예술이다. 그러므로 여가 활동으로 좋은 음악을 들으면 인간의 삶은 풍요로워질 것이다.

② 세상의 모든 노동자들은 안전한 환경에서 일할 권리가 있다. 환경미화원은 깨끗한 도시를 만들기 위해 애쓰는 노동자들이다. 따라서 환경미화원 역시 안전한 환경에서 일할 수 있는 권리가 보장되어야 한다.

③ 축구 선수가 자신의 신념 때문에 경기의 규칙을 지키지 않는 것은 경기의 진행을 방해한다. 하물며 스포츠 규칙도 이러한데 개인의 가치관을 이유로 법을 따르지 않는다면 사회는 혼란에 빠질 것이다.

④ 이념으로 인한 내전, 종교 전쟁, 식민지 침략 전쟁 등 역사 속의 전쟁들을 돌아보면 명분이 어떠하든 모든 전쟁은 인류에게 상처만 남겼다. 따라서 다시는 전쟁이 발발해서는 안 된다.

정답 및 해설 p. 9

DAY 09

제한 시간: 3분 **시작**: 시 분 ~ **종료**: 시 분 **점수 확인**: / 3개

1 다음 글의 결론으로 가장 적절한 것은?

학술지 「사이언스」에는 '노화' 특집이 실렸는데 글 가운데 "왜 우리가 반려동물보다 오래 살까"라는 제목의 기사도 있다. '정말 왜 그럴까?' 궁금해서 읽어 봤다. 먼저 덩치와 수명이 대체로 비례하는 이유를 설명하는 가설 가운데 하나인 '대사의 법칙'은 이제 진부한 이론이라고 한다. 대사의 법칙, 쉽게 말해 평생 뛸 수 있는 심장의 박동 수가 정해져 있어서 생쥐처럼 작은 동물은 대사가 왕성해(부피 대비 표면적의 비가 커 체온을 유지하기 위해) 심장이 무척 빨리 뛰어야 하므로 수명이 2~3년밖에 안 되고 코끼리는 비(比)가 작아 심장이 천천히 뛰어도 되기 때문에 오래 산다는 말이다.

그런데 앵무새의 경우는 심장이 1분에 무려 600번 뛰지만 수십 년을 산다. 따라서 이보다는 진화, 즉 유전자의 관점에서 노화를 설명하는 게 좀 더 설득력이 있어 보인다. 즉 동물이 잡아먹힐 가능성이 클수록 노화 속도가 빠르다는 것이다. 잡아먹힐 가능성이 큰 쥐의 게놈에 생리 반응을 정교하게 조절하는 시스템을 갖춰 봤자 1회용 컵에 금테를 두르는 셈이기 때문이다. 이 경우 빨리 자라 한꺼번에 새끼를 많이 낳는 게 더 유리한 전략이다.

반면 코끼리처럼 새끼 때만 잘 넘기면 잡아먹힐 가능성이 거의 없는 동물은 오래 살면서 꾸준히 새끼를 낳아 기르는 게 더 낫다. 사람은 중형 포유류이지만 무리를 짓고 살며 머리가 좋아 먹이 사슬 최정상에 군림하면서 수천만 년에 걸쳐(영장류, 유인원, 인류의 단계로 넘어가며) 수명이 점점 길어지게 진화한 것으로 보인다. 새의 경우 날아다니므로 역시 잡아먹힐 확률이 낮아 덩치에 비해 오래 산다. 같은 포유류인 박쥐가 비슷한 덩치의 쥐보다 수명이 열 배 가까이 되는 것도 날기 때문이라는 말이다.

① 동물의 크기와 수명은 비례한다.
② 심장이 빠르게 뛸수록 수명도 짧아진다.
③ 인간은 진화의 과정을 거쳐 다른 동물보다 수명이 길어졌다.
④ 다른 동물의 먹이가 되는지의 여부에 따라 수명이 결정된다.

2 다음 글에 대한 설명으로 가장 적절하지 않은 것은?

실제 일어났던 사실의 인과 관계와 허구로 만든 플롯의 인과 관계는 다르다. 후자보다 전자가 우위에 있다고 주장하는 것이 역사 서사라면, 전자보다 후자에 우위를 둠으로써 성립한 것이 팩션 서사이다. 그런데 스토리텔링의 메시지와 의미를 좌우하는 것은 이야기 요소로서의 개별적 사실들이 아니라 플롯이다. 그 자체로 카오스인 과거 사실들에 질서를 부여하여 의미 있는 이야기를 만들어내는 것이 플롯이기 때문에, 작가는 항상 어떻게 하면 플롯 구성을 잘 할 수 있는가를 놓고 고심한다. <중 략>

플롯은 허구이다. 이런 허구에 의해 과거 사실이 역사라는 이야기로 구성될 수 있다. 그렇다면 오늘의 역사학은 궁극적으로 팩션 장르로 해소돼야 하는가? 그럴 수 없으며 그래서도 안 된다. 어느 시대에나 역사 서사와 허구 서사는 현실과 꿈으로 이뤄진 인간 삶의 야누스적 얼굴을 형성했다. 서구의 서사 전통에서는 허구 서사인 신화가 먼저 생성되고 그로부터 역사와 같은 사실 서사의 분리가 이뤄졌다.

하지만 우리나라의 경우 김부식이 고려 인종 53년(1145년)에 『삼국사기(三國史記)』를 편찬하고 그로부터 150년 뒤에 일연이 『삼국유사(三國遺事)』를 집필했다. 전자가 역사서라면, 후자는 허구 서사에 가깝다. 서구 서사학이 '허구에서 역사'의 길로 나아갔다면 동아시아 서사학은 반대로 '역사에서 허구로' 분화되는 방향으로 발전했다. 또한 플롯을 중시하는 서구 서사 전통에서는 허구 서사인 문학이 사실 서사인 역사보다 보편적 진실을 대변하는 것으로 여겨졌지만, 동아시아 서사 전통에는 이 관계도 역전되었다.

① 개별적 사실들은 스토리텔링을 형성하는 요소이다.
② 『삼국유사』는 『삼국사기』의 내용을 재구성한 것이다.
③ 서구에서는 문학을 통해 보편적 진실을 전달하려고 했다.
④ 작가는 무질서한 과거 사실들을 정리하여 플롯을 구성한다.

3 ㉠에 해당하는 사례로 가장 적절한 것은?

삼청동, 이태원 경리단길, 북촌은 요즘 많은 사람들의 뜨거운 인기와 관심을 한 몸에 받고 있는 지역이다. 저렴한 임대료에 끌린 예술가들이 이 지역들에 정착하게 되었고 여기에 원주민들의 생활이 어우러져 새로운 문화를 만들고 경제에 활력을 불어넣었다. 인터넷이나 사회관계망 서비스(SNS)를 통한 입소문도 가세하여 사람들이 발길이 잦아지면서 낙후되었던 이 지역들은 뜨거운 장소로 주목받았다. 그러나 시간이 지나면서 화려하게만 보이던 지역에 그늘이 드리워지기 시작했다.

그 과정을 이해하기 위해 먼저 A라는 한적하고 허름한 서민 동네가 있다고 가정해 보자. 서민 동네인 만큼 임대료가 낮아 많은 예술가들이 유입되자 별 개성 없던 동네에 예술적인 분위기가 감돌기 시작했다. 작지만 개성 있고 예쁜 카페, 옷 가게, 공방, 책방, 음식점 등이 아기자기하게 모여 있게 된 것이다. 이색적인 볼거리, 먹을거리 등이 있는 곳으로 언론에 보도되기 시작하면서 골목 상권은 점차 확대되기 시작한다. 그런데 이렇게 상권이 형성되는 과정에서 제일 먼저 쫓겨나는 사람은 그곳에 살던 원주민들이다. 상권이 활성화되면서 전세나 월세 비용이 오르면 원주민들은 뛰어오른 주거비를 감당하지 못해 그 동네를 떠나야만 한다. 지역 경제의 활성화가 오히려 동네를 지켜 온 원주민들을 동네 밖으로 몰아내는 것이다. 이러한 현상이 바로 ㉠ 젠트리피케이션(gentrification)이다.

① 아무것도 없는 불모지였던 A 지역에 국가가 주거 단지를 조성하여 땅값이 크게 오른 사례

② B 지역의 주택 소유자들이 힘을 합쳐 예쁜 공원을 조성하자 관광객들이 증가해 집값이 크게 오른 사례

③ C 지역의 건물 임대료가 상승해 골목 상권이 몰락할 위기를 겪자 정부가 임대료를 규제하여 지역 상인들을 보호한 사례

④ D 지역의 카페가 드라마 촬영지로 소개된 이후 상권이 형성되면서 대형 프랜차이즈가 유입되어 건물 임대료가 폭등해 구멍가게가 사라진 사례

정답 및 해설 p. 10

DAY 10

제한 시간: 3분 **시작**: 시 분 ~ **종료**: 시 분 **점수 확인**: / 3개

1 다음 글의 내용과 일치하는 것은?

「몽유도원도」는 현재 일본의 덴리(天里) 대학 중앙 도서관에 보관되어 있는데, 어떤 경로를 거쳐 일본으로 건너가게 되었는지는 확실치 않다. 황수영 박사에 의하면 임진왜란 때 일본으로 건너간 것이 아니라 현대에 들어와 서울의 진고개 부근에서 일본인의 손에 들어갔다는 얘기가 있다고 하나 더 이상 확인할 길은 없다.

지금까지 추적이 가능한 범위 내에서 확인된 바로는 「몽유도원도」를 소장했던 일본에서 제일 오래된 소장가는 큐슈 가고시마 출신의 도진구징(島津久徵)이라는 사람이며, 그의 생애와 활동을 미루어 보아 「몽유도원도」는 적어도 1900년 이전에 일본에 건너갔다는 정보가 확인되고 있다.

「몽유도원도」는 안평대군이 세종 29년 1447년 어느 날 꿈속에서 무릉도원(武陵桃源)을 여행하고 거기서 본 바를 안견에게 설명해 주고 그림으로 그리게 한 것인데, 국내외를 막론하고 가장 널리 알려져 있는 조선 최고의 그림이며, 한국 회화사 전반에 걸쳐서도 최고의 위치를 차지하고 있는 그림이라 할 수 있다.

「몽유도원도」에는 도원의 경치를 그린 그림과 함께 안평대군의 발문, 그리고 안평대군 주위에 있던 박팽년, 최항, 신숙주 등 당시의 쟁쟁한 인물 21인이 자필로 쓴 찬시도 함께 실려 있다. 이런 점 때문에 「몽유도원도」는 회화 작품으로서뿐만 아니라 서예 작품으로서, 또는 당시 안평대군을 둘러싼 중신들과의 관계를 알아볼 수 있는 사료로서도 큰 의미를 가진다고 할 수 있다.

두루마리 안쪽에는 첫머리에 '몽유도원도'라고 쓰여진 제첨(題簽), 제목이 붙어 있고, 그다음에는 폭 25cm의 푸른색 비단 바탕에 여섯 행의 붉은 글씨가 쓰여 있다.

① 「몽유도원도」를 통해 역사적 사실을 예측해 볼 수 있다.
② 「몽유도원도」는 안평대군이 꿈을 꾸고 직접 그린 그림이다.
③ 「몽유도원도」에는 붉은색으로 제목이 쓰여 있다.
④ 「몽유도원도」가 일본으로 건너가게 된 시기는 1900년대이다.

2 ㉠이 주는 시사점으로 적절한 것은?

1777년 겨울, 미국 독립 혁명군 총사령관 조지 워싱턴은 펜실베이니아주 밸리 포지(Valley Forge)에서 힘겨운 전투를 치르고 있었다. 그의 적은 영국군과 그들의 용병만이 아니었다. 살을 에는 추위에다 극심한 식량 부족으로 그의 군대는 거의 아사 상태에 빠져 있었다.

펜실베이니아주 정부는 현지에 주둔한 독립 혁명군을 돕기 위해 식량을 포함한 군수 물자의 가격을 통제하는 법을 제정하였다. 식량 등의 가격을 통제하여 군비 부담을 줄이고, 충분한 물자를 공급하여 전투력을 향상하기 위해서였다. 그러나 결과는 전혀 반대로 나타났다. 정부가 고시한 가격에 불만을 품은 농부들은 식량을 시장에 내놓지 않았고 물자 가격은 급등하였다. 일부는 적군인 영국군에게 더 비싼 값의 금을 받고 팔아 버렸다. 이러한 상황에서 군인들이 어떻게 아사를 면할 수 있었겠는가?

㉠ 밸리 포지의 전투는 참패로 끝이 났다. 1778년 6월, 13개 주가 연합한 대륙 회의는 워싱턴의 참패를 교훈으로 삼아 '재화에 대한 가격 통제는 효과가 없을 뿐만 아니라 공공 서비스를 악화시키므로, 다른 주에서도 유사한 법령을 제정하지 말 것'을 결의하였다.

① 시장의 흐름과 상충되더라도 정부의 시장 개입은 필요하다.
② 경제 주체들은 정부의 규제보다는 자신의 이해관계에 따라 움직인다.
③ 특수한 상황에서 행해지는 정부의 경제 정책은 모두 효과가 미비하다.
④ 정부는 경제 정책을 단계적으로 적용해야 경제 주체의 반발을 사지 않을 것이다.

3 ㉠~㉢에 들어갈 적절한 접속어를 순서대로 나열한 것은?

흔히들 노자 철학의 대명사는 무위자연(無爲自然)이라 말한다. (㉠) 이에 대해 "그저 뒷짐을 지고 아무것도 하지 않은 채, 내버려 둔다."고 해석한다면, 오해에 해당한다고 볼 수 있다. 이 대목에서 우리는 다시 한번 '무위자연'의 뜻에 주목할 필요가 있을 것 같다. 무위자연이란 '억지로 무엇을 하지 않고, 순수하게 자연의 순리에 따르는 삶을 산다'는 의미이다. 여기에서 무위(無爲)는 인위(人爲)의 반대 개념이다. (㉡) 인위란 의도적으로 무언가를 만들고 강요하여 그것을 지키면 선, 그렇지 않으면 악으로 간주하는 것이다. (㉢) 노자가 말한 무위란 '아무것도 하지 않는 것'이 아니고, '억지로 하지 않음'을 의미함을 알 수 있다.

	㉠	㉡	㉢
①	그리고	한편	예컨대
②	그런데	그리고	따라서
③	요컨대	즉	또는
④	그렇지만	그러나	그런데

정답 및 해설 p. 11

DAY 11

제한 시간: 3분 **시작**: 시 분 ~ **종료**: 시 분 **점수 확인**: / 3개

1 다음 글을 이해한 내용으로 적절하지 않은 것은?

오픈프라이스는 제조업체가 표시하는 '권장 소비자가' 대신에 동네 슈퍼와 같은 최종 판매자인 유통 업체가 가격을 정하는 제도이다. 이 제도는 업체 간 자율적인 가격 인하 경쟁을 유도해 소비자 가격을 낮출 목적으로 1999년에 처음으로 도입됐고, 2010년 7월부터는 과자와 라면, 아이스크림과 같은 빙과류에도 적용됐다.

그런데 문제는, 소비자를 위한다는 취지와는 달리 제도의 역효과로 소비자의 혼란과 불만이 더욱 높아졌다는 점이다.

당초 기대와는 달리, 제도를 확대해서 시행하자 빙과와 아이스크림, 과자류와 같은 유명 인기 상품의 가격 상승률이 3~5% 수준인 일반 소비자 물가 상승률보다 훨씬 높아 5~25%나 됐다. 더욱이 동네 슈퍼나 영세 업체들이 판매가를 표시하지 않는 곳이 많아 소비자들의 불편이 가중됐다.

한 조사에 따르면 지난 몇 년간 평균적인 가격 표시율은 높아졌으나, 빙과와 아이스크림, 라면, 과자의 경우는 표시율이 각각 21.5%, 48.8%, 61.2%로 매우 낮았다. 또한 대형 마트와 편의점, 골목 상점 등 판매점별로 크게는 3배나 가격 차를 보였다.

그러다 보니 소비자들은 가격 표시가 비교적 잘돼 있고 가격도 저렴한 대형 마트나 SSM을 더 좋아하게 되어, 동반 성장이나 상생(相生)을 외치는 정부 정책과 어긋나는 결과를 초래하는 것 같다.

오픈프라이스로 인한 소비자 문제는 이것만이 아니다. 사실 '50% 할인' 광고를 해도 소비자들은 속는 것은 아닌지 의심스럽지만 확인할 방법이 없다. 가격 표시가 안 돼 있으니 가격이 언제, 얼마나 오르는지 판단하기도 어렵다.

오픈프라이스에 관련된 혼란과 애로는 영세한 슈퍼나 소매점도 예외가 아니다. 소매점들은 스스로 가격을 정할 수 있음에도 현실적으로 그렇게 하지 못한다. 많은 경우 거래하는 납품 업체에서 제시하는 가격을 따를 수밖에 없다. 그러다 보니 권장 소비자가가 지켜지던 시절과 별반 차이가 없는 것이다.

① 유통 업체가 가격을 정하면서 판매점마다 가격 차이가 벌어졌다.

② 오픈프라이스가 처음 도입되었을 당시 일부 품목에만 적용하였다.

③ 오픈프라이스가 시행되었지만 소매점은 제조업체가 제안한 가격을 따랐다.

④ 오픈프라이스가 확대 시행되면서 일부 슈퍼는 과자의 가격을 표시하지 않았다.

2 다음 글에서 추론할 수 있는 내용으로 적절한 것은?

순정률에서는 같은 음정이라도 그 간격이 어떤 조에서는 약간 넓고, 또 어떤 조에서는 약간 좁다. 따라서 음높이를 자유롭게 바꿀 수 있는 무반주 합창(아 카펠라)이나 현악기 합주 등에서는 그 화성적 아름다움이 살아나지만, 음높이를 고정시킨 악기, 말하자면 피아노나 관악기 같은 경우 온음의 폭이 고르지 않고 조바꿈이 곤란하다는 문제점이 있다.

이렇게 순정률은 더할 나위 없이 아름답지만, 자칫하면 깨지기 쉬운 유리 조각 같은 것이었다. 원래의 조에서는 이루 말할 수 없이 아름다운 조화를 이루지만, 일단 조를 바꾸면 그 조화가 깨지기 때문이다. 음악이 단순했을 때에는 그런대로 버틸 수 있었다. 하지만 음악이 점점 복잡해지면서 순정률은 점점 더 작곡가들의 발목을 잡는 장애물이 되어 갔다.

오랫동안 이 문제로 골치를 썩던 음악가와 작곡가들은 17세기가 되자 더 이상 참을 수 없는 지경에 이르렀다. 작곡가들은 언제든지 조바꿈을 할 수 있는 자유를 간절하게 원했다. 그래서 고안해 낸 것이 평균율이다. 평균율은 한 옥타브를 12개의 반음으로 나눈 것으로 어느 조성에서도 모든 음이 동일한 음정을 갖는다. 따라서 조바꿈이 자유롭다.

하지만 평균율에서는 완전 8도를 제외한 어떤 음정도 완전한 협화음이 되지 않기 때문에 순정률만큼 사람의 귀에 아름답게 들리지 않는다. 협화음과 불협화음이 건반 위에서는 동일한 음정이 되는 모순도 있다. 그러나 평균율은 모든 장조와 단조로 연주가 가능한 실용적 음계이며, 자유로운 조바꿈과 조옮김은 물론 화음 진행을 원활하게 한다는 장점이 있어 지금까지 서양 음악에서 보편적으로 쓰이고 있다.

① 모든 서양 음악에는 조바꿈이 나타난다.

② 피아노 악보에는 순정률이 쓰이지 않는다.

③ 평균율에서 진행되는 화음은 조화롭지 못하다.

④ 평균율은 복잡한 음악을 작곡하기 위해 등장했다.

3 다음 글에 나타난 설명 방식이 사용된 것으로 가장 옳은 것은?

1967년 영국 솔즈베리 소재 감기 연구소는 환자들의 비강 분비물을 얻어 원인 바이러스를 규명하는 연구를 진행했다. 이 과정에서 흔히 감기 바이러스라고 불리는 리노바이러스가 아닌 새로운 바이러스의 존재가 드러났다. 바이러스 입자 표면에 튀어나온 단백질들의 모습이 마치 왕관(corona)처럼 보인다고 해서 '코로나바이러스(coronavirus)'라는 이름을 붙였다.

① 이집트는 경제적인 면에서는 고대 세계에서 독보적인 위치를 차지하고 있었지만, 그 군사력은 형편없었다. 무엇보다도 이집트의 지형이 문제였다.

② 과연 '감정'이라는 것은 언제부터 우리에게 중요해졌을까? 프랑스의 사회학자 에바 일루즈(Eva illouz)는 1920년대를 감정이 비중 있는 문제로 떠오른 시기로 꼽는다.

③ 허공에 떠 있는 파이프는 이젤 속의 파이프와 모양은 같지만 크기가 훨씬 크고 색깔도 짙은 단색이다. 이젤의 그림판도 단단한 프레임 속의 흑단 같은 검은색이어서 평범한 그림이라기보다는 마치 학교 교실의 칠판 같다.

④ 과학 기술은 이미 우리 생활 깊숙이 들어와 있을 뿐 아니라 때로는 사고방식까지 좌우하기도 한다. 주변을 둘러보라. 각종 가전제품과 가구, 신발, 종이와 펜, 전자 제품 등 눈으로 볼 수 있는 것들은 물론 상하수도 시설, 전기 설비, 건축물, 도로 시설, 교통 시설 등 눈에 잘 띄지 않는 것에 이르기까지 과학 기술의 성과물이 아닌 것을 찾기 힘들 지경이다.

정답 및 해설 p. 12

DAY 12

제한 시간: 3분 시작: 시 분 ~ 종료: 시 분 점수 확인: / 3개

1 다음 글의 내용과 부합하는 것은?

김치와 떼려야 뗄 수 없는 고춧가루는 신대륙의 산물이다. 우리나라에는 임진왜란 이후에 일본에서 도입되었다는 것이 정설이다. 하기야 백김치도 있고 동치미도 있으니 고추가 김치의 필수품은 아니다. 고추가 없었던 때의 김치는 백김치만 있었을까?

그렇지 않은 듯하다. 우리는 원래부터 매운맛을 즐겼다. 고춧가루 이전의 시대에는 산초 가루나 초피 가루 같이 매운맛을 내는 다른 재료를 찾아 썼다. 물론 고려 시대의 귀족 계층에서는 중국을 통해 들어오는 후추를 쓰기도 했다. 하지만 이 비싼 수입품은 서민들 음식에 쓰기에는 너무 귀한 재료였을 것이다.

이 매운맛은 우리에게 무척 중요했다. 남쪽에서 담그는 김치는 지금도 소금 간이 북쪽보다 훨씬 강하다. 기후 때문에 금세 쉬고 보존이 어려워 재료를 훨씬 짜게 절이는 것이다. 소금만으로 이렇게 짜게 한다면 김치는 거의 쓴맛이 날지도 모른다. 이 단점을 메우려고 18세기 후반부터는 김치에 젓갈을 넣게 된다. 젓갈을 넣은 김치는 아미노산 때문에 맛은 훨씬 좋아지지만 비릿하다. 물론 젓갈만이 아미노산 맛을 내는 것은 아니니 간장을 쓸 수도 있고 실제로 이전에는 간장으로 담근 김치가 있었다. 이것 역시 전통의 한 변형이지만, 간장은 늘 먹는 많은 김치를 담기에는 양에서 한계가 있다. 그렇기에 젓갈을 쓰고 나서는 그 비릿함을 없애려고 산초나 초피의 매운맛을 사용했던 것이고, 고추가 들어온 뒤로는 더 쉽게 재배할 수 있는 고춧가루로 대체되었다고 봐야 할 것이다.

① 후추를 사용한 음식은 쉽게 볼 수 없었다.

② 아미노산 맛을 위해 김치에 소금 대신 젓갈을 넣기 시작했다.

③ 고춧가루보다 더 매운맛을 내기 위해 초피 가루를 사용하였다.

④ 고춧가루는 임진왜란 이후 우리나라에서 발견되어 주변국에 전파되었다.

2 다음 글에 대한 추론으로 적절하지 않은 것은?

시에는 고대 시가가 그렇듯이 사회적·현실적 효용성이 있다. 고대 시가는 이야기를 쉽게 기억하고 후대에 전하기 위한 실용적인 수단이었다. 고대의 시인들은 종교나 정치의 영역에서 중요한 위치에 있었고, 사회를 하나로 통합시키는 데 기여했다. 좀 더 나은 수확과 전쟁에서의 승리를 위해 시인들은 노래하고, 이 노래가 사회를 끌고 나가며, 시인들은 또한 전쟁의 역사를 노래하고, 권력을 비판하고, 그 무상함을 노래하고 신들을 찬양했다. 그렇기 때문에 포악한 왕은 시인들을 죽였고, 반대로 훌륭한 왕은 시인들의 노래에 귀를 기울였다. 시의 이런 기능은 현대라고 해서 달라진 것이 아니고 다만 그 표현 형식이 달라졌을 뿐이다.

그러나 현대에 오면 시인들은 이런 권력이나 실제적·현실적 효용성보다는 근대 미학의 특성인 이른바 순수 예술을 강조한다. 말하자면 현실적 효용성보다는 시 자체의 아름다움, 그러니까 현실에 대해 일정한 거리를 두고 바라보는, 혹은 현실과 다른 또 하나의 세계를 창조하는 일에 몰두한다. 이렇게 현실과 거리를 두고 시 자체를 사랑하는 태도가 현실과 다른 시의 공간을 낳고, 이런 공간은 일상적이고 이성적인 사고가 아니라 상상력이 낳는다.

① 현대의 시에서도 고대 시가의 기능을 확인할 수 있을 것이다.
② 고대의 왕들은 고대 시가 속에 담긴 이야기를 경계했을 것이다.
③ 고대의 시인들은 자신의 영향력을 이용해 사회를 장악하려고 했을 것이다.
④ 현대의 시인들은 상상 속의 세계를 작품 속에 아름답게 그리고자 할 것이다.

3 다음 글쓴이의 입장에 부합하는 것은?

정의로움에 대한 판단과 연관된 감정은 정의를 이야기할 때 빼놓아서는 안 될 요소이다. 이 감정은 정의 이론의 내용과 직결된 것은 아니지만, 정의로운 사회를 이루는 데 반드시 필요하다. 취업 청탁 문제를 예로 들어보자. 오늘날 한정된 일자리를 놓고 경쟁하는 저성장 시대에 취업 문제는 초미의 관심사다. 그런 만큼 불공정한 기준으로 취업이 이루어졌다고 하면 그 문제와 별다른 관계가 없는 많은 사람들까지 함께 분노한다. 그런 분노가 있을 때 불공정한 취업 청탁은 사회적 비난을 받으며 설 자리를 잃는다. 그리고 공정한 채용 기준을 세우는 개혁 운동도 힘을 받게 될 것이다.

하지만 사람들이 취업 청탁을 불공정하다고 생각하지만 결코 분노하지 않는다면 어떻게 될까? 아마도 취업 청탁 관행이 지속될 개연성이 높을 것이다. 부당함을 인지할 뿐 분노하지 않는다면, 그런 관행을 뿌리 뽑기 위한 행동에 나서지 않을 것이기 때문이다. 이처럼 정의에 대한 판단과 관련된 감정은 정의로운 사회를 만들기 위한 노력에 실질적인 에너지를 제공해 준다. 감정이 섞이지 않은 판단은 공허하기 쉽다.

① 불공정함에 대한 분노는 자연스러운 현상이다.
② 부당함을 인지하는 것이 정의 실현의 시작이다.
③ 정의를 판단했을 때 감정을 개입하는 것은 중요하다.
④ 정의 이론에서 분노의 감정을 다루는 것이 필요하다.

정답 및 해설 p. 13

DAY 13

제한 시간: 3분 **시작**: 시 분 ~ **종료**: 시 분 **점수 확인**: / 3개

1 다음 글에 대한 이해로 가장 적절한 것은?

사마천은 자신이 처한 상황에 비추어 자신의 삶을 얼마나 의미 있게 마무리하느냐에 따라 스스로에 대한 평가는 물론 후대의 평가도 달라질 수밖에 없다고 봤다. 아무리 고고한 인품과 깊은 안목을 가진 사람이라도 시대적 상황과 한계가 그것을 뒷받침해 주지 못하면 그 자질과 능력의 반도 발휘할 수 없을뿐더러, 때로는 실망과 좌절을 이기지 못해 씁쓸하게 퇴장하거나 비참한 죽음으로 끝을 맺는다. 그래서 한 인간의 삶을 평가함에 있어 어떤 시대를 타고 나느냐도 그 사람의 자질이나 능력 못지않게 중요한 요인이 된다.

하지만 시대가 돕지 않는다고 해서 포기하거나 좌절하는 것 또한 바른 삶의 자세가 아니다. 대세를 인정하고, 가능한 부정적인 상황이 발생하지 않도록 하며, 예상되는 피해를 최선을 다해 피하거나 줄일 수 있도록 노력하는 자세가 훨씬 가치 있다.

말하자면 성세(盛世)의 리더십과 난세(亂世)의 리더십이 다를 수밖에 없으며, 어떤 면에서는 난세에 발휘되는 리더십이 더욱 값질 수 있다. 어려울 때 그 난관과 위기를 어떻게 극복했는지, 쇠락의 대세에 어떻게 대처했는지 등이 이 난세의 리더십을 구성하는 요소이다. 역사는 왕왕 이를 통해 놀라운 기적을 보여 주기도 한다.

① 국가의 흥망은 통치자의 통찰력에 의해 결정된다.

② 상황이 자신에게 유리하지 않을 때는 포기할 줄도 알아야 한다.

③ 난관에 부딪혔을 때 발휘되는 리더십은 성세의 리더십보다 언제나 가치 있다.

④ 한 사람의 삶을 평가할 때는 능력뿐만 아니라 시대적 상황도 고려해야 한다.

2 괄호 안에 들어갈 내용으로 가장 적절한 것은?

행성이 태양 주위를 공전하는 동안 태양은 태양풍을 꾸준히 방출한다. 태양풍은 작은 입자와 에너지로 이루어졌으며 태양과 가까운 거리에 있는 행성인 수성, 금성, 지구, 화성의 가스를 날려 버릴 만큼 강력했다. 또한, 태양과 가까이 있는 만큼 물이나 메탄이 응축될 수도 없을 정도로 온도도 매우 높아서, 녹는점과 밀도가 높은 물질만 형성될 수 있었다. 그 결과, 지구형 행성이라 부르는 이 행성들은 (   )

이와 반대로 목성형 행성으로 알려진 4개의 외행성인 목성, 토성, 천왕성, 해왕성은 태양과 충분히 멀어 태양풍으로부터 얼음과 기체가 휩쓸려 나가지 않았다. 그 결과 형제인 4개의 내행성에 비해 주로 수소와 헬륨으로 구성된 기체를 더 많이 가지게 되었다.

① 고리를 가질 수 있었다.

② 물과 산소가 풍부해졌다.

③ 암석과 금속이 풍부해졌다.

④ 완벽한 구(球)의 형태를 갖추지 못했다.

3 밑줄 친 부분의 주된 서술 방식은?

우리 민족은 외래 종교가 들어오기 전에는 어디에서 빌고 기도했을까? 장독대, 마을 어귀의 장승, 산 중턱의 당나무, 솟대, 산 정상 등이 떠오른다. <u>여러 곳 가운데 가장 권위 있으며 온 나라, 온 민족의 발원을 모으는 장소는 아무래도 산 정상인 것 같다. 왜냐하면 산 정상에서 하는 기도는 대상을 '하늘'에 두기 때문이다. 산으로 산으로 오르는 것은 하늘을 염두에 둔 행동이다.</u> 산신령이나 삼신 할매에게 기도하려면 산 아래나 중턱이면 족하다. 산 정상에서 하는 기도는 산신령을 밟고 하는 기도고 그 대상은 하늘밖에 없다. 전국 명산의 정상에 남아 있는 기도 터의 흔적을 이해할 수 있을 것 같다.

① 인용

② 구분

③ 묘사

④ 인과

정답 및 해설 p. 14

DAY 14

제한 시간: 3분 **시작**: 시 분 ~ **종료**: 시 분 **점수 확인**: / 3개

1 쇼펜하우어의 견해에 부합하지 않는 것은?

누구나 한 번쯤은 '사는 게 고통이다'라고 생각해 본 적이 있을 것이다. 인생을 고통이라고 보는 철학적 입장을 염세주의라고 부른다. 염세주의라는 단어에서 '염'은 미워하고 싫어하는 것을 의미한다. 따라서 염세주의는 세상을 악과 고통이 지배하는 곳으로 보면서 부정하는 철학적 입장을 가리킨다.

쇼펜하우어는 동서양 철학자를 통틀어서 대표적인 염세주의 철학자로 꼽힌다. 그는 '사는 게 고통'이라고 보면서, 고통의 원인과 고통에서 벗어날 수 있는 길을 구명하려고 했다. 이러한 구명의 결과를 그의 대표작 『의지와 표상으로서의 세계(Die Welt als Wille und Vorstellung)』에 집대성해 놓았다.

어떤 일이 우리 뜻대로 풀리지 않을 때 우리는 고통을 느낀다. 대학 입시에 떨어졌을 때, 취업이 뜻대로 안 될 때, 사업에 실패했을 때, 사랑하는 이성이 자신의 사랑을 받아 주지 않을 때 우리는 괴롭다. 이런 일들이 계속해서 일어나다 보면 우리는 산다는 것 자체를 고통이라고 느끼게 된다.

그러나 쇼펜하우어는 설령 모든 일이 뜻대로 이루어져도 인생은 고통이라고 본다. 모든 일이 뜻대로 이루어지면 우리는 평온한 행복감을 느끼기보다는 오히려 권태를 느끼게 된다. 우리는 종종 무엇 하나 부족함이 없을 것 같은 유명 인사들이 마약이나 도박 혹은 성추행이나 성폭력 등으로 언론에 오르내리는 것을 본다. 사람들이 이렇게 한순간에 추락하는 근본적인 원인 중의 하나는 권태다. 이들은 권태에서 벗어나기 위해 무언가 자극적인 것을 찾아 나선 것이다.

평범한 사람들이 충족되지 않는 욕망에 시달린다면, 넘쳐 나는 부 때문에 아무런 걱정도 없을 것 같은 사람들은 권태에 시달린다. 따라서 쇼펜하우어는 우리가 다른 사람을 부러워할 필요는 없다고 말한다. 사람들의 삶을 잘 들여다보면, 누구에게나 사는 건 고통이기 때문이다.

① 부를 충족시킨 사람들도 고통을 느낀다.
② 평범한 사람들은 결핍에서 고통을 느낀다.
③ 인간은 삶의 근원적인 고통에서 벗어날 수 없다.
④ 세상은 악과 고통이 지배하는 부정적인 공간이다.

2 다음 글의 내용으로 적절하지 않은 것은?

모바일 미디어는 '이동 중에(on the move)' 사용할 수 있는 미디어다. 이동성(mobility)은 모바일 미디어의 가장 중요한 속성 중 하나인데, 이것은 공간적으로는 물론이고 시간적으로 움직일 수 있음을 의미하는 것이다. 일반적으로 이동형 기기(mobile device)라 하면 로봇같이 자율적으로 움직이지는 못하지만 사람, 차, 배, 비행기, 모터사이클 등과 같은 이동체(mobiles)에 부착되어 움직일 수 있는 기기를 뜻한다. 이런 의미에서, 요즘은 거의 사용되지 않지만, 우리나라에서는 초창기에 자동차 전화나 페이저(일명 '삐삐')와 같은 모바일 미디어에 의한 통신을 '이동체 통신'이라 부르기도 하였다. 이동성은 두 가지 의미를 가질 수 있다. 먼저 적극적 의미에서는 말 그대로 이동 중에도 기기의 기능을 중단 없이 사용할 수 있는 것으로 휴대전화, 무전기 등이 이에 해당한다. 이와 달리 소극적인 의미에서는 HPC(handheld PC), PDA, 핸드헬드 게임기처럼 기기 자체가 고정물에 고착되어 있지 않는 경우로서, 이런 기기를 이용하려면 이동 중에 일단 멈추어서 기기에 주목하거나 몰입해야 한다.

① 로봇은 이동형 기기에 해당하지 않는다.
② 이동성은 시간적, 공간적 이동 가능성을 의미한다.
③ PDA는 고정되어 있지 않으므로 이동하면서 사용하기 어렵다.
④ 페이저는 거의 사용되지 않으므로 모바일 미디어로 볼 수 없다.

3 다음 글에서 <보기>가 들어가기에 가장 적절한 것은?

보기
만약 음악이 없다면 이 장면들이 영원히 기억되는 명장면으로 남을 수 없을 것이다.

영화 음악의 가장 오래되고 고전적인 기능은 분위기 메이커로서의 기능일 것이다. (㉠) 영화 속에서 음악은 그 장면이 지니고 있는 정서와 분위기를 더욱 효과적으로 부각시키는 역할을 한다. (㉡) 로맨틱한 장면에 로맨틱한 음악이 실리면 그 장면은 더욱 로맨틱해지고, 비극적인 장면에 비극적인 음악이 실리면 장면의 비극성이 더욱 증대된다. (㉢) 세월이 흘러 줄거리는 모두 잊어버려도 언제까지 선명하게 기억되는 명장면들이 있는데, 이런 명장면의 배경에는 대개 위대한 영화 음악이 있다. 음악은 장면에 감동을 불어넣는 화룡점정과 같은 역할을 한다. (㉣)

① ㉠
② ㉡
③ ㉢
④ ㉣

정답 및 해설 p. 15

DAY 15

제한 시간: 3분 시작: 시 분 ~ 종료: 시 분 점수 확인: / 3개

1 다음 글에 대한 이해로 적절하지 않은 것은?

벼는 뿌리에 통기 조직(aerenchyma)이라는, 기체로 채워진 공간이 잘 발달해 있다. 물 위에 노출된 줄기와 잎에 존재하는 산소가 통기 조직을 통해 뿌리로 확산하므로 논에서도 별 탈 없이 잘 자란다. 그러나 홍수로 식물 전체가 물에 잠기면 얘기가 달라진다. 산소의 공급이 끊기기 때문이다. 게다가 십중팔구는 흙탕물이어서 잠긴 벼에서는 광합성이 일어나지 않아 산소를 발생시키지도 못한다.

침수로 광합성을 못하면 포도당이 만들어지지 않지만 한동안 버틸 수 있다. 식물체에 저장해 둔 녹말을 포도당으로 분해해 쓰면 되기 때문이다. 포도당은 세포 내에서 피루브산으로 바뀌는데, 이를 해당 과정이라고 부른다. 그 뒤 피루브산은 세포 내 발전소인 미토콘드리아로 들어가 에너지 분자인 ATP를 만드는 연료가 된다. 그런데 문제는 이 과정에 산소가 필요하다는 것이다. 침수로 산소 공급이 끊기면 미토콘드리아가 연료인 피루브산을 태울 수 없어 작동이 멈춘다. 동물은 이런 상황에서 얼마 버티지 못하고 죽지만 식물은 이를 대신할 비책을 마련해 뒀다. 바로 에탄올 발효 경로를 켜는 것이다.

즉 산소가 없어 미토콘드리아가 무용지물이 돼 피루브산 농도가 올라가면 이를 아세트알데히드로 바꿔주는 효소와 아세트알데히드를 에탄올로 바꿔주는 효소가 늘어난다. 이 과정에는 산소가 필요하지 않기 때문에 발효라고 부른다. 식물은 에탄올 발효 경로를 통해 포도당 한 분자에서 ATP 세 분자를 얻을 수 있다. 미토콘드리아 세포 호흡의 10분의 1 수준이지만 생존에 큰 도움이 된다.

① 벼는 포도당을 뿌리의 통기 조직에 저장해 둔다.

② 벼는 광합성을 하지 못해도 포도당을 만들 수 있다.

③ 벼의 생존에 필요한 ATP는 산소 없이도 생성될 수 있는 에너지 분자이다.

④ 벼는 산소가 없어 미토콘드리아가 피루브산을 태우지 못해도 생존할 수 있다.

2 ㉠에 들어갈 내용으로 가장 적절한 것은?

인간의 끝없는 욕망과 제한된 자원 사이에서 생기는 갈등은 이것을 극복하기 위한 인류의 노력으로 결집되어 나타났다. 희소성 문제는 많은 변화를 추구하게 만들었는데, 인간의 욕망을 채우기 위해 단기적으로는 무한한 시기, 질투, 전쟁이 일어났다. 그렇지만 장기적으로는 그 갈등을 해결하고야 말겠다는 강렬한 욕구가 불행을 발전의 씨앗으로 승화시켰다. 그것이 오늘날까지 발전을 거듭하고 있는 인간의 삶의 모습이다.

원시 시대에는 희소성 문제가 그리 심각하지 않았다. 그러다가 인간이 점점 많아지면서 주어진 자원으로는 인간의 욕구를 모두 만족시킬 수 없기 때문에 단순 수렵이나 채취보다 더 많은 자원을 제공해 줄 수 있는 생산 방법이 고안되어야 했다. 그리하여 일어난 것이 바로 농업 혁명이다. 그 후 인간은 의류와 같은 물적 자원에 희소성을 느꼈고, 그로 인해 산업 혁명이 일어났다. 지금 우리 시대에는 정보와 지식에 대한 욕구가 분출하고 있다. 이것은 바로 정보 혁명과 지식 혁명을 탄생시켰다. 이러한 점에서 볼 때 희소성은 (　　　㉠　　　)

① 인간 탐욕의 결과이며, 패권주의의 원인으로 볼 수 있다.
② 인간의 물질적 욕망에서 비롯되며, 불행의 씨앗이라 할 수 있다.
③ 문명 간 발전의 차이를 유발하며, 우월주의의 시작이라 할 수 있다.
④ 문명 탄생의 궁극적 계기이며, 문명 발달의 원동력이라 할 수 있다.

3 다음 글의 글쓰기 전략으로 볼 수 없는 것은?

한 소년이 자라 어른이 되기까지에는 어떤 힘들이 작용하는 것일까? 현대 생물학은 유전자가 개체 성장의 비밀을 쥐고 있다고 말하거나 적어도 그렇게 말하고 싶어 한다. 글쎄 그럴까? 인간의 성장이 유전 정보만으로 결정되는 것이라면 성장은 드라마가 아니라 이미 결정돼 있는 것의 운명적 전개에 불과하다. 우리가 위인이라 부르는 사람들, 예술의 천재들, 탁월한 인생을 전개한 개인들의 삶은 인생이 생물학적 운명의 단순 전개가 아니라 그 운명과의 싸움이라는 것을 잘 보여 준다. 유전적 결함과의 싸움이 아니었다면 베토벤, 도스토옙스키, 니체, 헬렌 켈러는 없었을 것이고 인간 창조성의 보물 창고는 한없이 초라해졌을 것이다. 미래 사회는 개체의 유전적 결함을 제거하는 데 막대한 비용을 쏟게 되겠지만, 그러나 잊지 말지어다, 인간의 위대성은 어떤 완전성의 결과이기보다는 오히려 결함의 결과라는 사실을.

① 미래의 상황을 가정하여 인류의 발전 가능성을 밝히고 있다.
② 질문을 통해 독자의 호기심을 유발하고 있다.
③ 자신의 주장과 상반되는 견해를 반박하며 내용을 전개하고 있다.
④ 운명에 맞선 위인을 예로 들어 주장을 뒷받침하고 있다.

정답 및 해설 p. 16

DAY 16

제한 시간: 3분 시작: 시 분 ~ 종료: 시 분 점수 확인: / 3개

1 다음 글을 읽은 후의 반응으로 가장 적절한 것은?

> 시신이 무더기로 발견되고 마을이 초토화된 생지옥에서 충격과 공포를 느끼는 것은 인지상정이다. 하지만 가족의 죽음, 전염병의 창궐, 테러리스트의 공격 같은 재앙을 겪은 사람들의 심리 상태를 연구하는 신경 과학자와 심리학자들은 희생자 대부분이 빠른 속도로 정신적 안정을 되찾게 된다는 놀라운 사실을 밝혀냈다.
>
> 이처럼 고통과 슬픔에서 벗어나 정상적인 상태로 되돌아가는 것을 심리학에서는 회복 탄력성(레실리언스 resilience)이라고 한다. 회복 탄력성은 원기를 회복하는 현상을 의미한다. 이를테면 용수철이 되튀어 원래 상태가 되는 것처럼 사람의 마음이 단기간에 제자리로 돌아가는 특성을 레실리언스라 이른다.
>
> 레실리언스 연구의 선구자는 미국 컬럼비아대 임상 심리학자 조지 보내노이다. 그는 1990년대 초부터 사랑하는 사람과 사별한 사람들의 정서 반응을 연구했다. 그 당시 일반적인 통념은 가까운 친구나 가족이 죽게 되면 마음에 지울 수 없는 상처가 남는다는 것이었다. 그러나 보내노는 실험을 통해 기존 통념과 달리 사별한 사람들에게서 마음의 상처가 생긴 흔적을 찾아낼 수 없음을 확인했다. 대부분의 사람은 사별 이후 몇 달 만에 원래의 생활로 돌아갔으며 놀라울 정도로 환경에 잘 적응했다. 슬픔을 극복하는 능력은 유전자가 특별하거나 교육을 받은 사람들만이 보여 주는 특성이 아닌 것으로 판명된 셈이다.

① 레실리언스가 없다면 사람은 슬픔을 쉽게 극복하지 못하겠군.

② 1990년대 이전에는 마음의 상처를 극복할 수 있는 것으로 여겼겠군.

③ 레실리언스를 활용하면 사람들이 겪는 심리적 고통의 원인을 알아낼 수 있겠군.

④ 사별의 슬픔을 겪고 있는 사람은 레실리언스 교육을 통해 안정을 되찾을 수 있겠군.

2 다음 글쓴이의 입장에 부합하는 것은?

지난 20여 년 동안 선진국들은 자연에서 자원을 채취해서 제품을 생산, 제공하는 단순한 경제 활동에서 벗어나서 양질의 정보와 서비스를 제공해서 보다 높은 부가 가치를 창출하는 새로운 산업화 경향을 추구하고 있다. 디자인과 품질, 제품의 안전도와 신뢰성, 공공 여론에의 부응과 환경적 적합성 등의 비물질적 요소들을 포함시켜서 환경 오염의 가능성은 크게 낮추는 대신 상품과 서비스의 부가 가치는 더 높이는 전략을 채택하고 있는 것이다.

다른 한편으로, 과학 발전은 우리의 생활을 더욱 윤택하게 하면서도 환경 오염 물질의 배출은 점점 더 저감시키는 그런 기술들을 현실화하고 있다. 교통 분야에서는 자동차의 연료 이용 효율이 점점 더 증가하고 있으며 전기 자동차나 연료 전지 자동차와 같은 무공해 자동차도 이제는 실용화 단계에 있다. 과거에는 처리가 불가능해서 매립에만 의존할 수밖에 없었던 각종 유해성 오염 물질들에 대해서 이제는 청정 처리가 가능해졌다. 또 컴퓨터의 발전에 힘입어 정보 통신 기술이 비약적으로 발전하면서 정보 교환, 회의, 물류 처리, 자재 관리 등에 소요되던 시간과 에너지가 크게 절약되고 있는바, 이런 현상들도 환경 보전에 커다란 기여를 하는 것은 물론이다.

① 공공 여론은 과학 기술의 발전을 제한한다.
② 오늘날 선진국은 더 많은 자원을 채취하기 위한 전략을 찾고 있다.
③ 무분별한 에너지 사용으로 인해 환경 오염이 심해지고 있다.
④ 새로운 과학 기술을 사용하면 환경 오염의 가능성을 줄일 수 있다.

3 다음 글의 내용과 일치하는 것은?

근대 도시 문제를 분석하면서 산업화와 함께 논의해야 하는 것은 바로 행정 체계이다. 일찍이 사회학자 막스 베버는 근대화의 중요한 결과로서 관료제의 발전을 이야기한 바 있지만, 그 시스템은 시간이 지나면서 계속 거대해지고 복잡해져 간다. 그리고 전문적인 기능들로 분화하면서 추상화되어 간다. 그 결과 시민들의 입장에서 그 운영 원리를 이해하는 것은 점점 어려워지고, 행정에 의견을 개진하고 참여하는 것은 더욱 힘들어진다. 그런데 행정과 시민 사이의 거리가 멀어지는 까닭은 행정 체계 자체 때문만은 아니다. 왜냐하면 개인과 행정 사이를 매개하는 중간 집단, 즉 주민들이 자발적으로 협동하면서 만들어 지역의 문제를 논의하고 행동하며, 필요할 때 행정과 교섭하기도 하는 사회적 기반이 점점 약해지기 때문이다. 그러한 공동체의 토대가 없는 상황에서 뿔뿔이 흩어져 있는 개인들에게 행정 기구는 낯설고 때로는 두려운 존재로 다가올 수밖에 없는 것이다. 다른 한편으로 시민들의 삶 자체가 파편화되는 것도 거대한 시스템으로 개개인이 소외되는 맥락으로 짚어야 할 것이다.

① 관료제는 가장 발전된 사회 시스템이다.
② 관료제가 커질수록 소외되는 시민이 줄어든다.
③ 공동체를 상실한 시민에게 행정 기구는 두려움의 대상이다.
④ 관료제가 전문화되면 시민은 행정에 적극적으로 참여할 수 있다.

정답 및 해설 p. 17

DAY 17

제한 시간: 3분 **시작**: 시 분 ~ **종료**: 시 분 **점수 확인**: / 3개

1 다음 글에서 알 수 있는 것은?

생명의 기본 단위인 세포(cell)를 들여다보면 문제가 더욱 복잡해진다. 세포 하나로 이뤄진 미생물에서 수많은 세포들로 구성된 식물, 동물, 그리고 인간에 이르기까지 그 모양과 성분이 천차만별이다. 예를 들어 세포벽은 식물에겐 있고 동물에겐 없지만 미생물에서는 있는 것과 없는 것이 동시에 존재한다. 또한 광합성을 일으키는 엽록체는 식물에게만 있고, 이물질을 소화하는 액체를 담은 리소좀은 동물에게만 있다. 기타 등등 세포 내 구성 물질들을 비교해 보면 생물끼리 차이점이 너무 많다는 사실을 깨닫게 된다.

완벽한 이해는 불가능하다. 대신 과학자들은 현존하는 생물들을 면밀히 연구한 결과 몇 가지 공통의 기능적 특성을 발견했다. 그 내용은 대략 대사, 생식 그리고 적응으로 요약할 수 있다.

대사는 우리 인간이 '먹고사는' 과정에 비유할 수 있다. 생명체는 외부로부터 영양분을 섭취하지 않고는 존재할 수 없다. 영양분의 종류가 무엇이든 일단 먹어야 자기 몸을 유지하면서 생존에 필요한 활동을 할 수 있다.

생명체는 또한 자신과 같은 종류의 생명체를 만들어 낸다. 이 생식 현상은 몸을 그냥 둘로 나누거나 몸의 일부를 떼어내는 미생물부터 서로 다른 성(性)을 갖는 개체끼리 만나야 자손을 낳는 인간에 이르기까지 다양한 형태로 나타난다.

그리고 생명체는 환경의 변화에 적응하며 살아간다. 주위의 기온이나 영양분의 분포가 급격히 변하면 자신의 몸을 변화한 환경에 맞추기 위해 필사적으로 노력한다.

① 미생물에도 성별이 존재한다.
② 동물은 엽록체가 없어서 광합성을 하지 못한다.
③ 생명체는 특정한 영양분을 섭취해야만 생존할 수 있다.
④ 종류가 다른 생물끼리는 공통된 특성이 발견되지 않는다.

2 <보기>에 이어질 내용으로 가장 적절한 것은?

보기

신문은 왜 읽어야 하는 것일까? 요즘 같은 디지털 시대에, 더구나 필요한 것이라면 시간과 장소에 구애받지 않고 인터넷 검색으로 즉석에서 거의 다 해결할 수 있는데도 왜 꼭 신문을 읽어야 한다고 유난을 떠는 것일까?

하지만 여기에 대한 답변은 너무도 명백하다. 예나 지금이나, 아니 앞으로도 상당 기간 동안 좀처럼 달라질 것 같지 않다. 신문만큼 세상 이야기를 절묘하게 담고 있는 매체가 또 없는 까닭이다. 신문을 외면하면 세상 이야기에서도 멀어지고 만다.

인터넷 검색이 매우 효율적이라는 것은 어느 누구도 부인하지 못한다. 텔레비전은 눈에 잘 들어오고 그 자체로 생동감이 있다.

그러나 인터넷의 기능은 단지 정보 습득에 편중되어 있다. 세상 이야기를 절묘하게 담고 있다고 말하기에는 아무래도 무리가 있다는 것이다. 텔레비전과 같은 영상 매체도 크게 다르지 않다. 정보의 수집 기능에 치우쳐 있는 영상 매체는 종합적이고 체계적으로 정보를 전달할 수 없다.

책과 같은 인쇄 매체는 즉각적이고 돌격적인 면이 떨어지긴 하지만 인터넷과는 달리 심층성에서 절대적인 우위를 점하고 있고 영상 매체보다 종합적이고 체계적으로 정보를 전달한다. 그러나 인쇄 매체가 심층성에서 절대 우위를 점하고 있다 해도 하루 단위로 생생한 정보를 담아내는 신문의 신속함은 따라갈 수 없다.

① 우리가 살아가는 세상을 알고 싶다면 신문을 읽으면 된다.

② 정보를 신속하게 얻고 싶다면 인터넷을 잘 활용할 줄 알아야 한다.

③ 정확한 정보를 분별할 수 있는 능력은 신문을 통해 습득할 수 있다.

④ 신문은 매일 새롭게 생겨나는 정보를 즉각적이고 종합적으로 접근할 수 있는 매체이다.

3 다음 글에서 <보기>가 들어가기에 가장 적절한 곳은?

보기

이와 비교해 동굴 바깥의 세상은 '실재의 영역(realm of being)', 즉 완전하고, 영원하며, 변하지 않는 앎의 대상들이 있는 가지적 세계(intelligible world)를 나타낸다.

(㉠) 플라톤의 동굴이 의미하는 바를 구체적으로 해석하기 위한 많은 논쟁이 있어 왔지만, 그 중요성만큼은 아무도 의심하지 않는다. (㉡) 동굴은 '생성의 영역(realm of becoming)', 즉 모든 것이 불완전하고 끊임없이 변화하는, 우리가 일상적으로 경험하는 가시적인 세계(visible world)를 나타낸다. (㉢) 여기에 수감된 이들(보통 사람들을 상징)은 추측과 착각의 세상에서 살고 있는 반면, 동굴 안을 돌아다닐 수 있게 된 그 사람은 수시로 변화하는 인식과 경험의 세계 안에서 가능한, 현실에 대한 가장 정확한 시각을 획득한다. (㉣)

① ㉠ ② ㉡

③ ㉢ ④ ㉣

정답 및 해설 p. 18

DAY 18

제한 시간: 3분 **시작**: 시 분 ~ **종료**: 시 분 **점수 확인**: / 3개

1 다음 글의 전개 방식에 대한 설명으로 적절하지 않은 것은?

'일코노미'란 '1인'과 경제를 의미하는 '이코노미(economy)'를 합친 신조어로, 일인 가구가 만드는 경제적 파급 효과를 뜻한다. 크게 늘어나는 일인 가구는 시장의 판도에도 많은 영향을 준다. 일인 가구가 많아질수록 먹거리, 가전, 가구, 주택 시장 등에서 소규모 · 소용량 제품들이 늘어난다. 편의점에서 혼자 대충 끼니를 때우는 사람들이 많아지면 편의점 매출이 늘고, 외로움을 달래기 위한 반려동물 시장도 커진다. 혼자 살면 술도 혼자 먹고, 영화도 혼자 보며, 여행도 혼자 가는 일이 많아진다. 그리고 전자 매체를 접하는 시간도 늘어난다. 집에서 혼자 TV를 보고, 컴퓨터나 스마트폰으로 쇼핑과 게임 등을 즐기며 시간을 보내는 것이다. 이 모든 일인 가구의 생활 방식이 시장에 영향을 미친다.

일인 가구는 소비할 때 가성비, 즉 가격 대비 효능을 중시한다. 일인 가구가 가성비를 중시할 수밖에 없는 가장 큰 이유는 높은 주거비 때문이다. 일인 가구의 압도적 다수는 월세에 산다. 일인 가구는 월세의 주된 수요자다. 1인당 주거비를 따지면 일인 가구만큼 높은 비용을 지불하는 경우는 없다. 혼자 살더라도 냉장고, 세탁기, TV, 옷장 등 살림살이도 있을 건 다 있어야 한다. 이런 비용들을 제하고 생활비를 써야 하니, 늘 가성비를 따질 수밖에 없다.

일인 가구의 가장 큰 문제는 '생활의 결핍'이다. 다인 가구의 경우에는 가족들이 주말에 함께 자동차를 세차하기도 하고, 마트에 장을 보러 가기도 하며, 가족 중 누가 아프면 함께 병원에 다녀오기도 한다. 이러한 일들은 지극히 평범한 일상이지만, 함께하는 까닭에 심심하지도 않고, 즐거움이 되기도 하며, 무엇보다 사회적으로도 의미 있는 일이 된다. (가족도 엄연한 '사회'다.) 그러나 혼자 살면 이 모든 일이 귀찮아진다. 혼자 생계를 꾸리기 위한 돈을 버느라 시간이 없기도 하지만, 시간이 생겨도 하고 싶은 마음이 생기지 않는다.

① 용어의 어원을 밝혀 그 의미를 설명하고 있다.
② 대상으로 인해 달라지는 현상들을 나열하고 있다.
③ 다양한 사례를 제시하여 대상의 장점을 강조하고 있다.
④ 대조되는 상황을 제시하여 대상이 겪는 문제점을 부각하고 있다.

2 다음 글의 내용으로 적절한 것은?

약 170만 년 전에 호모에렉투스가 등장한다. 그의 뇌 용량은 약 1000시시로 현대 인간의 3분의 2 정도 된다. 호모에렉투스는 아마도 호모하빌리스의 후손일 것이다. 그러나 어떤 사람들은 호모하빌리스가 호모에렉투스의 직접 조상이 되기에는 너무 원시적이라고 믿고 있다. 여기서 다시 한번 우리는 직접적인 연관 관계를 입증할 수 없다.

호모에렉투스는 도구를 개량했고 불을 사용했으며(그가 불을 붙일 수 있었는지 자연적으로 발생한 불을 이용하기만 했는지 확실하지 않지만) 매우 뛰어난 사냥꾼이었음에 틀림없다. 호모에렉투스는 시간이 지남에 따라 먹을 것과 살기 좋은 곳을 찾아서 유럽과 아시아로 뻗어 나갔다. 기후의 변화는 호모에렉투스가 더 멀리 진출할 수 있도록 도와주었다. 호모에렉투스가 등장했을 때 일련의 빙하 시대가 시작되어 기후가 좀 더 추워졌으며 극지방의 만년설이 높아졌다. 그 결과 해수면이 낮아져, 호모에렉투스는 새로이 등장한 육지로 된 연결로를 통해서 인도네시아로 걸어갈 수 있었다. 호모에렉투스는 '구세계' 전역을 돌아다닌 여행자가 되었다. 아시아에서 발견된 호모에렉투스 화석의 골격과 아프리카에서 발견된 골격에는 미묘한 차이가 있다. 이 때문에 일부 학자들이 아프리카의 호모에렉투스를 약간 다르게 호모에르가스터(Homo ergaster)라고 부른다.

① 호모에렉투스는 추워진 날씨 때문에 불을 사용하였다.
② 호모하빌리스가 멸종하자마자 호모에렉투스가 등장했다.
③ 아시아와 아프리카에서 동일한 모양의 호모에렉투스 화석이 발견되었다.
④ 기후의 변화로 생긴 육지의 연결로는 호모에렉투스의 이동에 영향을 끼쳤다.

3 **다음 글을 읽은 후의 반응으로 가장 적절한 것은?**

상어를 떠올리면 매끄럽고 탄력적인 피부를 상상하기 쉽다. 또 매끄러운 피부 때문에 물에 대한 저항력이 낮아 빠르게 헤엄칠 수 있을 것이라고 생각한다. 그러나 사실은 정반대다. 반질반질하고 매끄러울 것으로 생각했던 상어의 피부에는 수많은 돌기들이 있다.

유체의 흐름을 연구하는 사람들도 처음에는 이런 돌출 구조가 매끄러운 면에 비해 저항을 증가시킬 것이라고 생각했다. 하지만 놀랍게도 이런 돌기들이 물속에서의 저항을 오히려 감소시킨다는 사실을 발견했다. 돌기들에 의해 형성된 작은 물 돌기들이 상어의 표면과 주위에 흐르는 큰 물줄기의 흐름 사이를 떼어 놓는 역할을 함으로써 마찰을 최소화하는 것이다.

매끄러운 표면에서도 저항은 생긴다. 매끄러운 표면에서는 물의 흐름이 상대적으로 적어져 물의 흐름이 집중되는 부분이 생기는데, 그러다 보니 돌기가 있는 표면에 비해 저항이 커져서 속도가 느려진다.

비행지의 경우 '풍동'이라는 실험 장치를 통해 돌기가 있는 표면과 매끄러운 표면의 속도 차이를 측정할 수 있다. 우선 한쪽에서 강한 바람을 불게 하고 가운데에 비행기나 측정하고 싶은 물체를 매어 놓는다. 그런 후 물체에 부딪치는 바람의 힘을 측정하는데, 경우에 따라서는 연기를 피워 공기의 흐름을 눈으로 직접 보면서 그 차이를 확인할 수도 있다.

① 물에 대한 저항 때문에 상어의 피부가 변화한 것이구나.

② 물 밖에서는 돌출 구조보다 매끄러운 면이 저항을 감소시키는구나.

③ 물속에서 속도를 내기 위해 표면이 매끄러운 수영복을 입는 거구나.

④ 상어 피부의 돌기들은 물의 흐름이 집중되지 않게 만들어 저항을 줄이는구나.

정답 및 해설 p. 19

DAY 19

제한 시간: 3분 시작: 시 분 ~ 종료: 시 분 점수 확인: / 3개

1 <보기>에 대한 설명으로 가장 옳지 않은 것은?

보기

지금의 소비 속도가 이어진다면 2060년이면 석유가 바닥을 드러낼 것으로 전문가들은 예상한다. 현재의 플라스틱 원료는 모두 석유다. 따라서 석유가 동나기 전에 다른 플라스틱 원료 물질을 찾지 못하면 우리는 플라스틱 없는 중세로 돌아가야 한다. 에너지로서의 석유를 대체하는 방안으론 원자력·태양열·풍력·바이오디젤 등 여러 대안이 제기됐다. 하지만 플라스틱의 원료인 석유를 대체할 것은 오직 석유의 조상인 식물뿐이다. 석유 대신 나무·옥수수·사탕수수·갈대 등 식물체에서 휘발유 원료와 플라스틱 원료를 뽑아내는 정유(refinery) 기술, 즉 바이오-리파이너리(Bio-refinery) 기술이 차세대 플라스틱 원료 생산의 핵심 기술이다.

이 기술 개발은 크게 두 방향으로 진행 중이다. 하나는 식물체에 열을 가해 나오는 기체, 즉 '신 가스(Syngas)'를 만들어 여기서 플라스틱 원료를 얻는 물리·화학적 방법이다. 다른 하나는 술을 만드는 발효 과정과 비슷하다. 사탕수수를 발효시키면 술의 주성분인 알코올이 나오고, 배추를 발효시키면 김치의 유산(lactic acid, 젖산)이 생성된다. 알코올과 유산은 모두 플라스틱의 원료가 된다. 예를 들어 나무나 옥수수 등 식물체를 분말화한 뒤 물을 더하고 여기에 세균(박테리아) 등 미생물을 키운다. 발효 술을 만들듯이 얼마간 세균을 키우면 세균들은 알코올이나 젖산 등을 만든다. 이 물질을 회수해 몇 번의 공정을 거치면 플라스틱이 얻어진다.

① 석유는 플라스틱을 만들 때도 소비된다.

② 석유 대신 쓰일 수 있는 에너지원은 다양하다.

③ 미생물이 만든 물질이 플라스틱의 재료로 쓰인다.

④ 바이오-리파이너리 기술은 재생 플라스틱을 만들기 위해 개발되었다.

2 다음 글쓴이의 입장에 부합하는 것은?

사진의 깊이는 보는 자의 호흡에 의해 결정된다. 깊은 화면은 긴 호흡에서 나오고, 얕은 화면은 짧은 호흡에서 만들어진다. 이것을 '거리 두기'라고 하는데, 보는 자에게 심리적 거리감을 주고 그 깊이에 따라서 느낌을 새롭게 한다. 흔히 피사계 심도(深度)라고 하는 이와 같은 사진의 깊이는 필연적으로 보는 자의 심리적 경계선, 바로 대상에 대한 심리적인 시점(視點)을 결정하는 데 중요한 역할을 한다. 일반적으로 조리개의 수치, 렌즈의 초점 거리, 그리고 대상과의 거리에 따라서 결정되는 화면의 깊이는 관객의 호흡과 심리적인 거리, 그리고 시점을 결정한다는 점에서 중요한 사진 형식이다.

이광모 감독의 영화 <아름다운 시절>에서 우리는 그 깊이의 중요성을 확인할 수 있다. 영화는 처음부터 끝까지 카메라 앵글을 고정해 놓고 일정한 거리 두기를 시도한다. 롱 디스턴스, 롱 테이크로 만들어진 화면은 일관된 시점을 유지하며 공간적 거리 두기와 시간적 거리 두기를 행한다. 고정된 프레임 안으로 인물이 들어오고 나가는 장면이 긴 호흡으로 이어지는데, 그 긴 호흡을 통해서 관객은 주변 환경을 세세히 바라보게 된다. 클로즈업이 없는 영화, 하이 앵글로 찍어서 앵글이 없는 듯한 영화, 시종일관 깊은 화면을 구축하는 이 영화를 관객은 객관적인 관점에서 바라보게 된다. 객관적인 거리 두기, 즉 객관적으로 사건(혹은 역사)의 추이를 지켜보는 부단한 '소격 효과'가 이루어지는 것이다. 이렇듯 사진의 깊이는 중심과 주변을 경계 짓고 나아가 주변 환경과 상황과의 관계를 결정한다.

① 사진의 깊이는 일관된 시점을 유지하는 것에서부터 시작된다.

② 사진의 깊이에 따라 익숙한 장면도 낯설게 보인다.

③ 객관적인 관점으로 사진을 바라보면 그 깊이는 더욱 깊어진다.

④ 화면의 깊이는 카메라 기술과 관계없이 관객에 의해서 결정된다.

3 다음 글에 대한 추론으로 적절하지 않은 것은?

문자의 사용은 문명의 주요한 조건이다. 메소포타미아 문명이 사용했던 문자를 쐐기 문자(한자어로는 설형 문자)라고 한다. 두 강 사이의 지대였기 때문에 주위에서 쉽게 구할 수 있는 재료인, 진흙과 습지에 자라는 갈대를 이용하여 글을 썼다. 이 지역의 고대인들은 진흙을 편평하게 만든 뒤 그 위에 갈대 줄기의 뾰족한 끝으로 글씨를 새긴 후 말리거나 구워서 그 점토판을 보존했는데, 쐐기 문자가 새겨진 점토판들이 오늘날까지도 전해진다.

쐐기 문자는 그 모양이 쐐기와 비슷해서 붙여진 이름인데, 초기 문자는 그림 문자(상형 문자) 형태이고 시간이 흐를수록 쐐기 모양으로 변해간다. 최초의 쐐기 문자는 수메르인이 쓰던 문자로 그림 문자에 가까웠으며 문자의 개수도 1천 개에 이를 정도로 많았다. 하지만 점차 표음 문자의 비율이 늘어났고, 이후 아카드인이 수메르어를 적극적으로 받아들여 간략하게 개량한 덕분에 쐐기 문자는 최종적으로 30여 개의 자수를 가진 표음 문자가 됐다.

19세기 중엽까지 고고학자들이 메소포타미아 지역에서 발굴한 점토판은 약 50만 개이다. <중 략> 50여만 개의 점토판들 가운데 300개 정도가 수학에 관한 점토판으로 판명됐는데, 수학에 관한 표와 문제가 적혀 있다.

쐐기 문자의 해독은 1800년경 오늘날 이란의 북서부 지방에 있는 베히스툰에서 발굴된 고대 양각의 비문으로부터 시작됐다. 이 비문에는 고대 페르시아어, 엘람어(지금은 사라진 기원전 페르시아의 언어), 바빌로니아어(아카드어 후기 형태)의 세 언어로 같은 내용이 새겨져 있다.

① 문자가 종이보다 먼저 만들어졌을 것이다.

② 고대 사람들은 수학에 관심이 많았을 것이다.

③ 쐐기 문자는 소리를 표기하게 되면서 간단해졌을 것이다.

④ 서로 다른 언어의 쐐기 문자라도 해독 방식은 동일했을 것이다.

정답 및 해설 p. 20

DAY 20

제한 시간: 3분 **시작**: 시 분 ~ **종료**: 시 분 **점수 확인**: / 3개

1 다음 글의 중심 내용으로 가장 적절한 것은?

1932년 대통령 선거 당시 미국은 심각한 경제 위기에 봉착해 있었다. 수많은 은행들이 문을 닫았고 경제 지표들은 비관적이었다. 루스벨트는 선거에서 승리한 직후 잠시 후퇴하는 전략을 취했다. 그는 자신이 구상하는 계획이나 각료 임명에 관해서 한마디도 하지 않았다. 심지어 대통령직 이양을 논의하기 위해 현직 대통령인 허버트 후버를 만나는 것도 거부했다. 국민들은 긴장과 염려 속에서 루스벨트의 취임을 기다렸다.

루스벨트는 취임 연설에서 갑자기 극적으로 태도를 바꾸었다. 그는 미국을 완전히 새로운 방향으로 이끌고 나갈 것을 약속하며 힘 있는 연설을 했다. 전임 대통령들이 보여준 소극적인 태도와는 완전히 반대되는 이미지였다. 이후 그는 각료 임명과 과감한 법률 시행 등에서 신속한 결단력을 보이며 빠른 속도로 일련의 개혁과 정책을 수행해 나갔다. 루스벨트가 취임 후 여러 개혁안을 추진한 이 기간은 '100일 의회(Hundred Days)'라고 알려져 있다. 당시 미국이 나라 분위기를 성공적으로 쇄신할 수 있었던 것은, 루스벨트가 현명하게 속도 조절을 하고 이전 정권과 극적인 대조를 이루는 리더십을 발휘했기 때문이기도 했다. 그는 국민들을 긴장하게 만든 다음 과감한 행동과 정책을 눈앞에 내놓았다. 그 결과 그러한 정책들은 더욱 효과적으로 국민들에게 다가갔다.

① 대통령의 성격이 나라 분위기를 결정한다.

② 전략적인 리더십을 발휘하면 국민들의 신임을 얻을 수 있다.

③ 대통령으로 당선이 되면 단기간에 정책을 완수하는 것이 중요하다.

④ 국민들의 신뢰를 얻기 위해 지도자는 일관된 태도를 유지하는 것이 좋다.

2 다음 글에 대한 이해로 적절하지 않은 것은?

인간의 본성도 동물의 본능처럼 무의식적으로 일에 매진하다는 점에서는 서로 비슷하다. 그러나 본능은 주로 생명을 유지하기 위한 물질적인 생존력에만 관심을 쏟지만, 본성은 정신적이다. 본성은 자연적인 자기 기호에 따라 정신적으로 자기를 성취하려는 자발성과 같다. 그러나 인간이 생존을 위해 본능에서 지능으로 방향을 전환한 이상, 지능의 이기적 방향과 본성의 목적 없는 자연적 방향은 서로 갈린다. 본성의 목적 없는 자연적 방향이란 어떤 일을 인위적인 목적의식으로 꾸미는 것이 아니라, 단지 자기 마음에 자연적으로 깃들어 있는 성향이 좋아하는 바를 그냥 따르는 것을 말한다.

지능은 인간 개인이나 종족의 생존에 도움이 되는 기술이나 경제력, 무력 등을 소유하려 한다. 지능은 철두철미하게 사회적이고 소유적이다. 사회적이라는 것은 경쟁적이라는 것과 동의어이고, 소유적이라는 것은 배타적인 지배와 같은 뜻이다. 지능은 이기적 경쟁과 배타적 소유욕을 본질로서 지니고 있다. 그 때문에 인간 사회의 기술과 경제력이 엄청나게 발전하여 놀랄 만큼 편리한 세상이 되었다. 본능과 본성은 모두 무의식적이고 자연적인 성향이지만, 지능은 의식적이고 사회적인 인간의 활동 결과다. 그래서 인류는 오랜 세월 동안 의식이 모든 가치를 창출하는 보고인 양 여기며 자랑해 왔다. 그리고 그것이 인간과 동물의 다른 점이라고 부르짖었다.

① 동물은 무의식적으로 살아남기 위한 행위를 한다.
② 편리한 삶을 살고자 하는 인간의 본성이 지능을 발달시켰다.
③ 본성은 특별한 목적 없이 자신이 좋아하는 일을 따르는 것이다.
④ 인간의 지능은 남보다 더 좋은 기술을 소유하길 원하게 만든다.

3 다음 글에 이어질 내용으로 가장 적절한 것은?

과학이 가치 중립적이라는 말은 크게 보아서 다음 두 가지의 의미를 지니고 있다. 첫째는 자연 현상을 기술하는 데에 있어서 얻게 되는 과학의 법칙이나 이론으로부터 개인적 취향이나 가치관에 따라 결론을 취사선택할 수 없다는 점이고, 둘째는 과학으로부터 얻은 결론, 즉 과학 지식이 그 자체로서 가치에 대한 판단이나 결정을 내려 주지 못한다는 점이다.

사람에 따라서는 이 중 첫째는 수긍하면서 둘째에 대해서는 반론을 제기하기도 한다. 예를 들어, 그들은 인간의 질병 중 어떤 것이 유전한다는 유전학의 지식이 유전성 질병이 있는 사람은 아기를 낳지 못하게 해야 한다는 결론을 내린다고 생각한다. 즉, 과학적 지식이 인간의 문제에 관하여 결정을 내려준다고 생각한다. 그러나 보다 주의 깊게 살펴보면 이것이 착각이라는 것은 분명하다. 위의 유전학적 지식이 말해 주는 것은 단순히 어떤 질병이 유전한다는 것일 뿐, 그런 질병을 가진 사람이 아기를 낳지 않는 것이 옳은 것인가, 혹은 역시 같은 질병을 가진 아기라도 낳아서 가정생활을 하는 것이 좋은가에 대한 결정은 내려 주지 않는 것이다. 이 결정은 전적으로 인간이, 즉 그런 질병을 가진 사람 자신이나 때로는 사회가 내리는 것이지 과학이 내려 주는 것은 아니다.

① 과학은 인간의 삶에 긍정적인 영향을 미친다.
② 현대 지식인들은 과학을 이해하기 위해 노력해야 한다.
③ 과학은 현대 사회에서 발생하는 문제에 대한 책임이 있다.
④ 과학은 인간의 가치 판단의 결과에 대해 책임지지 않는다.

정답 및 해설 p. 21

DAY 21

제한 시간: 3분 **시작**: 시 분 ~ **종료**: 시 분 **점수 확인**: / 3개

1 다음 글에서 추론한 내용으로 적절한 것은?

현재 우리가 직접 확인할 수 있는 것은 기록이다. 그런데 그 기록은 과거 일어났던 일의 기록이다. 기록은 일어난 모든 일의 기록이 아니기 때문에 단편적일 수 있다. 이런 기록을 통해 과거의 일을 되살리는 것이 재구성이다.

우리가 시간을 과거, 현재, 미래로 나눈다면 과거는 지금 존재하지 않고 흘러가 버린 시간이다. 시간은 강물과 같이 흐른다. 같은 강물에 두 번 들어갈 수 없듯 시간을 멈추게 하거나 되돌릴 수는 없다. 흐르는 시간은 일어난 모든 사건들을 휩쓸어 가 버린다. 기록은 이런 흐름을 기록자의 차원에서 멈추게 하는 작업이다. 기록이 없다면, 우리는 과거를 알지 못한다. 기록은 우리가 과거로 여행하는 통로와도 같다. 기록이 전혀 없는 상태에서도 과거를 상상할 수는 있겠지만, 그런 상상이 어떤 객관성을 가질 수는 없다.

어린 시절 사진을 보면서 우리는 과거를 회상한다. 사진은 시간의 흐름을 멈추게 했다는 점에서 일종의 기록이다. 물론 엄격한 의미의 기록은 문자로 쓴 것이지만, 그림이나 도형 같은 것도 넓은 의미에서 기록으로 부를 수 있다. <중 략> 그렇지만 문자로 기록한 것이든, 유물이든 시간이 지나면서 많은 것들이 파괴되고 사라진다. 이들은 전쟁의 와중에 불타 버리기도 하고, 별로 가치 없는 것으로 취급되어 버리기도 한다. 물론 많은 것들이 가치 없는 것으로 인식되어 처음부터 기록되지도 않았다. 그러므로 지금 우리가 가지고 있는 기록들이란 과거에 대한 극히 단편적인 조각들에 불과하다. 이런 단편적 조각들을 잘 짜 맞추어 전체 모습을 만드는 작업을 재구성이라 한다. 이것은 흡사 몇 개의 그림 조각으로 그림 전체를 만드는 작업과도 같은 것이라 할 수 있다. 역사에서 재구성 작업이 필요한 것은 조각만으로는 의미 있는 과거가 드러나지 않기 때문이다. 그러므로 우리는 역사를 과거의 기록에 기반한 재구성이라 부를 수 있다.

① 문자로 남긴 기록이 그림보다 더 정확하다.
② 역사란 시간의 흐름 속에서 보편적인 진리를 발견한 것이다.
③ 과거의 기록은 가치 있는 것만 기록되므로 그 자체로서 객관성을 지닌다.
④ 아무리 적은 양의 과거 기록이라도 의미 있게 재구성한다면 역사가 될 수 있다.

2 다음 글에 대한 이해로 가장 적절한 것은?

유학을 대표하는 사상가인 공자는 "모든 행동에 부끄러움을 염두에 두고 있어야 선비라고 할 만하다."고 말한다. 부끄러움을 염두에 둔다는 것은 자신의 행동이 옳은 것인지를 반성한다는 의미다. 또한 도덕적이지 않은 행동은 좋은 것이 아니며, 그런 행동을 했을 때 부끄러울 것을 아는 것이다. 부끄러움이 선천적 감정이기 때문에 부끄러움을 아는 것 또한 선천적 지식이다.

부끄러움을 알지 못하는 사람들로 이루어진 사회가 도덕적일 수 없다는 것은 당연하다. 특히 사회의 지도자적 위치에 있는 사람들이 부끄러움을 모른다면 그 사회는 존립 자체가 위협받을 수 있다. "선비가 부끄러움이 없는 것은 나라의 부끄러움[국치(國恥)]이다."라는 말은 사회의 지도자에게 부끄러움을 강력하게 요청하는 것이다.

부끄러움이 개인적 감정이면서도, 집단이나 나라의 지도자에게 있어서 부끄러움은 집단과 나라를 지탱하는 기둥이다. 모든 사람이 부끄러움의 감정을 지니고 있어야 하지만, 지도자에게는 더욱 강력하게 요청되는 감정이라고 하겠다. 부끄러움이 없는 지도자는 그 자신이 비도덕적이라는 데에 그치는 것이 아니라, 집단 전체를 비도덕적으로 만들기 때문이다. 따라서 나라의 기둥인 정신적 지도자가 부끄러움이 없다면 가히 나라 전체가 부끄럽게 되는 국치라고 할 만하다.

① 부끄러움을 모르는 지도자는 국가를 위기에 빠지게 한다.
② 개인적인 부끄러움은 개인의 성장을 위해 극복해야 할 요소이다.
③ 부끄러움을 아는 지도자는 집단의 도덕적인 행동을 규정할 수 있다.
④ 부끄러움은 선천적 감정이나 부끄러움을 아는 것은 후천적으로 학습하는 것이다.

3 다음 글의 사례로 적절한 것은?

인간은 사회 속에서 존재하고, 따라서 그 사회 속에서 의사소통 수단으로서의 언어가 반드시 필요하다. 이러한 의미에서 언어는 사회성이라는 특성을 가지고 있다고 말한다. 이는 언어라고 하는 것이 한 개인만이 사용하는 것이 아니고 사회 구성원 모두가 사용하는 공유물이라는 사실을 뜻한다. 언어는 사회적 약속이며 계약이기 때문에 개인이 함부로 바꿀 수 없다. 이것이 바로 언어의 불역성(不易性)이다.

① '어머니'를 독일에서는 'Mutter'로 부른다.
② 책상을 의자로 바꿔 부르면 다른 사람들은 알아들을 수 없다.
③ 15세기와 달리 오늘날 우리 사회에서는 '나모'를 '나무'라고 부른다.
④ 우리나라는 예로부터 농경 사회였기 때문에 농기구와 관련된 용어들이 발달했다.

정답 및 해설 p. 22

DAY 22

제한 시간: 3분 **시작:** 시 분 ~ **종료:** 시 분 **점수 확인:** / 3개

1 다음 글을 통해서 답을 찾을 수 없는 질문은?

카메라 옵스쿠라(Camera Obscura)는 말 그대로 '어두운 방' 혹은 '어둠상자'라는 뜻이다. 암실이나 밀폐된 공간에 작은 구멍을 통과해서 들어온 빛이 영상으로 변하는 자연 현상을 응용한 광학적 투영 기구(Pin-hole black box)이다. 어둠 속에 바늘구멍으로 들어온 빛을 따라 일정한 거리의 벽면이나 흰 종이에 밖의 풍경이나 사물들이 거꾸로 비치게 되는 원리를 일정한 틀로 개발한 것이다.

카메라 옵스쿠라는 외부의 빛이 밝고 환해야 스크린에 비친 영상이 뚜렷하다. 따라서 카메라 옵스쿠라를 사용한 그림은 인물화의 경우 입체감이 선명할 수밖에 없다. 뿐만 아니라 옷의 주름과 치밀한 무늬, 재질감을 실물과 착각할 정도로 거의 완벽하게 묘사하는 그림이 가능해졌다. 현대 화가 데이비드 호크니(David Hockney, 1937년~)는 이러한 점을 염두에 두고 13세기에서 19세기까지 유럽의 인물화들을 나열해 보았는데, 15세기 후반에서 16세기 전반이 입체적인 표현 기법의 변화 시점이고 그 시기가 카메라 옵스쿠라의 개발과 맞물려 있음을 확인했다. 또한 카메라 옵스쿠라는 풍경화에도 흔히 사용되었다고 추정된다. 건물이 늘어선 거리나 가로수 길 등에서 투시 원근법의 표현을 가능하게 했을 것이다. 특히 고저와 원근이 뚜렷이 구분되는 영상은 지도 그리기에도 편리하게 쓰였다고 본다.

① 카메라 옵스쿠라의 작동 원리는 무엇인가?
② 카메라 옵스쿠라는 어느 시기에 개발되었는가?
③ 카메라 옵스쿠라가 작동하기 적합한 환경은 무엇인가?
④ 카메라 옵스쿠라는 오늘날 어떠한 형태로 변화하였는가?

2 다음을 논리적 순서로 배열한 것은?

㉠ 이때 행동이란 인간의 행동뿐 아니라 동물의 행동까지 포함되어 있다.
㉡ 그렇다고 동물 행동과 무관한 것은 아니다.
㉢ 심리학은 행동을 과학적으로 연구하는 학문이다.
㉣ 그러나 조직의 경우 동물 행동과는 뚜렷한 연관성이 적기 때문에 이와 관련된 연구에는 깊이 관여하지 않는다.
㉤ 학자에 따라서는 알약 검사를 위해 비둘기를 훈련시킨다든가 침팬지를 훈련시켜 일관 작업에 투입시킨다든가 하기 때문이다.

① ㉢ - ㉠ - ㉣ - ㉡ - ㉤
② ㉢ - ㉣ - ㉡ - ㉠ - ㉤
③ ㉤ - ㉡ - ㉢ - ㉣ - ㉠
④ ㉤ - ㉢ - ㉣ - ㉠ - ㉡

3 ㉠과 ㉡에 들어갈 말로 가장 적절한 것은?

공리주의에서 행위의 옳고 그름을 판단하는 기준은 행위 (㉠)에 있다. 즉, 행위의 결과가 기준이 된다. 이와 반대로 의무론은 행위 자체의 내적 성질에 주목한다. 의무론자의 경우 행위의 옳고 그름은 그 행위 자체에 깃들어 있는 성질에 의해 좌우된다. 만약 어떤 행위가 오로지 의무감에서 행해지고 그 행위의 원리가 보편화될 수 있다면 그것은 옳은 행위이다. 예를 들어 내가 어떤 진실을 말할 때 단지 그렇게 하는 것이 옳다고 믿기 때문에, 혹은 도덕 법칙에 따라야 한다는 의무에서 그렇게 한 것이라면 이 행위는 옳다. 그러나 거짓말이 탄로 나는 게 두려워 진실을 말하거나 어떤 보상을 기대해서 그렇게 한다면, 그 행위는 도덕적으로 가치가 없다. 도덕은 이와 같이 (㉡)으로 따라야 할 법칙, 즉 정언 명법에 근거해야 한다. 정언 명법이란 그 명령의 전제가 되는 어떤 상위의 목적이 전제되지 않은 명령이다. 다시 말해서 어떤 목적을 추구하기 위한 수단으로서의 명령이 아니라 그 자체가 목적인 명령이다. 행복이라는 목적조차도 여기서 예외가 될 수 없다. 따라서 의무론에 의하면, 공리주의는 행복을 인간이 추구할 궁극적 목적으로 규정한 데에서 이미 잘못을 범한 것이다.

	㉠	㉡
①	안쪽	무조건적
②	바깥	조건적
③	안쪽	조건적
④	바깥	무조건적

정답 및 해설 p. 23

DAY 23

제한 시간: 3분 **시작:** 시 분 ~ **종료:** 시 분 **점수 확인:** / 3개

1 다음 글의 진술 방식에 대한 설명으로 적절한 것은?

원근법 못지않게 미술계 전반을 뒤흔든 수학 원리는 '황금비'이다. 원근법이 미술의 진화를 가능하게 했다면, 황금비는 미술을 예술적으로 완성했다고 해도 지나치지 않다. 수많은 예술가들이 평생을 바쳐 궁구(窮究)해 온 것은 이상적인 아름다움을 화폭에 담기 위한 최적의 비율이었는데, 공교롭게도 그 비율은 수학자들이 제시해온 황금비와 거의 일치했다. 독일 르네상스의 거장 뒤러는, "나는 수(數)를 가지고 남자와 여자를 그렸다"고 말했을 정도로 인체의 완벽한 미를 완성하는 황금비 값을 구하는 데 온 힘을 쏟았다. 세상에서 가장 유명한 걸작 <모나리자>의 자태와 얼굴을 자세히 살펴보면 놀랄 만큼 황금비에 가깝다는 사실을 알 수 있고, 브뢰헬이 그린 <바벨탑>의 밑각은 황금 삼각형과 일치한다. 점과 선, 면에 천착해 사물의 본질을 그렸던 현대 화가 몬드리안의 작품에 사람들이 시선을 멈출 수밖에 없는 이유는 황금 직사각형의 비율 때문이다.

이처럼 한 시대를 풍미했던 거장들의 작품 속에는, 그들이 의도했든 의도하지 않았든, 수학적 사고와 원리가 담겨 있다. 감성의 꽃으로 불리는 미술이 차가운 이성과 논리적 사고로 무장한 수학과 만나 진화를 거듭해 온 것이다. 수백 년 전 르네상스의 선구자 알베르티의 주장이 과언이 아니었음을 화가들은 수많은 작품을 통해 증명했다.

① 황금비에 대한 거장들의 인식이 달라지는 과정을 밝히고 있다.

② 원근법과 황금비의 수학적 원리를 비교하여 차이점을 밝히고 있다.

③ 전문가의 견해를 인용하여 황금비를 실현하는 방법을 제시하고 있다.

④ 구체적인 사례를 제시하여 미술에서 황금비의 중요성을 강조하고 있다.

2 다음 글을 읽고 추론한 내용으로 가장 적절한 것은?

홉스는 절대 권력을 행사하는 전제 군주제를 이상적인 국가 형태로 보았다. 논리는 더없이 명확했다. 국가를 탄생시킨 사회 계약의 목적은 내부의 무질서와 범죄, 외부 침략의 위협에서 사람들의 생명과 안전을 지키기 위해서다. 이것이 국가를 만든 유일한 목적이다. 다른 목적은 없다. 주권자 또는 통치권자가 이 목적을 달성하려고 노력하는 한 신약을 충실하게 이행하는 것이다. 주권자에 대항하면 국가의 목적 수행을 방해하게 된다. 사람들이 각자 저마다의 가치나 소망, 욕구, 삶의 목표를 추구하는 것도 국가의 목적 수행을 저해한다. 신민이 정부 형태를 바꾸려고 해서도 안 된다. 평화와 안전을 지키기 위해 무엇을 어떻게 해야 할지는 신민이 아니라 통치권자가 판단한다. 군주가 곧 정부이며 정부가 곧 국가이므로 국가와 정부와 군주를 구분할 필요가 없다. 통치권자는 어떤 일을 해도 처벌받지 않는다. 통치권의 본질은 바로 이런 것이다.

① 전제 군주 국가는 신민의 행복 추구권을 보장할 것이다.
② 전제 군주 국가의 권력이 약해진다면 군주의 권력도 약해질 것이다.
③ 전제 군주 국가의 신민은 주권자로서 국가의 평화를 위해 노력할 것이다.
④ 전제 군주 국가의 신민은 마음대로 사람을 죽여도 처벌받지 않을 것이다.

3 다음 글에서 알 수 없는 것은?

'세책(貰冊)'이란 간단히 말해 전문 필사자가 필사한 책을 돈을 받고 빌려주는 상업적 도서 유통 방식을 일컫는 말이다. 대개 이들 세책은 고소설이 주였으며, 이때 유통되던 소설을 소위 '세책(본) 고소설'이라 부른다. 조선 후기 세책점은 오늘날 도심 어디에서나 흔히 볼 수 있는 도서 대여점과 그 형태가 비슷하다 할 수 있다.

조선 사회에서 소설은 오랫동안 금기시되거나 배척되었다. 사실 조선 전기만 해도 소설에 대한 평가가 그리 부정적이지 않았다. 임진왜란을 전후한 시기에 유입된 중국의 통속 소설이 반윤리적이고 비사실적이며 음란하다는 이유로 사대부의 비난이 거세지자 소설을 백안시하는 문화가 폭넓게 형성되었던 것이다.

그러나 조선 사회에 표면화된 이런 분위기와 별개로 일부 문인이나 여성들 사이에서는 중국에서 들어온 통속 소설을 애독하는 현상이 일어나 소설 발달을 자극하는 동인(動因)이 되었다. 그것도 사회적 제약이 심했던 사대부 집안의 여성들이 경쟁적으로 돈을 주고 소설책을 빌려다 읽는 예측 불허의 상황이 벌어진 것이다. 이는 세계 소설사 속에서 우리의 세책 문화만이 갖는 독특한 면이라 할 수 있다.

① 중국에서 유입된 통속 소설로 인해 소설이 배척되기 시작했다.
② 조선 후기 소설은 독자층인 문인과 여성에 의해 더욱 발달하였다.
③ 조선 전기에는 조선 후기보다 소설에 대한 평가가 부정적이지 않았다.
④ 사대부 집안의 여성들은 서민 여성들보다 쉽게 소설책을 빌릴 수 있었다.

정답 및 해설 p. 24

DAY 24

제한 시간: 3분 **시작**: 시 분 ~ **종료**: 시 분 **점수 확인**: / 3개

1 다음 중 글의 제목으로 가장 적절한 것은?

이슬람 사회의 공동체 정신과 가족 중심주의는 동양적 전통과 많은 부분을 공유하면서 이슬람이 아시아 사회에 뿌리를 내리는 기초가 되었다. 이슬람이 아랍에서 아랍인 예언자에 의해 아랍어로 계시되었지만 현재 이슬람 인구의 약 70퍼센트가 인도네시아, 인도, 파키스탄, 방글라데시, 말레이시아, 브루나이, 우즈베키스탄, 카자흐스탄 같은 아시아에 거주하고 있음이 이를 잘 보여준다. 무엇보다 남녀가 내외하는 풍습과 연장자, 교수, 상사에 대한 존중과 배려, 대가족 제도, 상부상조의 공동체 정신은 아시아 문화, 나아가 다른 세상에도 적지 않은 영향을 끼치고 있다.

이슬람의 이러한 공동체 정신과 가족 중심주의는 평범한 일상에서도 강하게 나타난다. 맨 먼저 자신의 재산과 수입을 나누는 것을 종교적 의무로 정해 놓았다. 이를 '자카트'라고 하는데, 다른 종교처럼 십일조라는 엄격한 강제 규정을 적용하지 않고 자율성이 주어진다. 희사(기부)하는 비율도 수입의 40분의 1로 부담이 크지 않고, 희사금을 내는 시기나 납부처도 스스로 선택할 수 있다. 종교적 의무인 자카트와는 별도로 '사다카'라는 자율적 희사 제도도 열려 있다. 공존과 나눔의 정신이 가장 중요한 종교적 덕목으로 일상생활 속에서 단단히 뿌리내리고 있는 셈이다.

① 이슬람 사회의 양극화
② 이슬람의 아시아 포교 과정
③ 이슬람 사회의 공동체 문화
④ 이슬람교와 다른 종교의 차이점

2 다음 글에 대한 이해로 적절한 것은?

많은 사람들이 먹을거리에 대해 잘 모르고, 관심을 기울이지 않는 가운데 국민 생명의 젖줄 역할을 하는 우리 농업이 위기에 직면해 있다. 국산 농산물보다 상대적으로 값싼 농산물이 수입되어 시장에 넘쳐나기 때문에 농민들은 농사를 지어도 수입산 농산물과 가격 경쟁을 할 수 없는 지경에 놓였다. 농사로 재생산을 못하게 되면서 농민들은 빚더미에 빠졌고, 그 빚은 해가 지날수록 늘어만 간다. 젊은이들은 농사일을 기피하고 있다. 농사일로 안정된 생활을 할 수 없고, 농촌의 교육 수준, 문화 여건 또한 도시보다 크게 뒤떨어져 있기 때문이다. 농민들은 파종 시기가 되어도 무엇을 심을지를 결정하지 못하는 경작 위기를 겪고 있다. 농업의 비중이 줄어들고 농업의 중요성에 대한 인식이 약화되면서, 먹을거리와 식생활에 많은 문제가 생겨나고 있다.

현재 우리나라의 곡물 자급률은 사료를 포함해 25퍼센트 내외다. 이는 도시 국가를 제외하면 전 세계 국가 중 아주 낮은 수준이다. 곡물 자급률은 5퍼센트에 불과하다. 식량 자급률이 이렇게 낮은 가운데 설상가상으로 우리나라의 식량 공급 요인은 취약하고 불안정하다. 휴경지가 증대하고 농지가 다른 용도로 전용되는 일이 많아지면서 경지 면적이 점점 줄어들고 있기 때문이다.

① 젊은이들은 사회적 시선으로 인해 농업에 종사하기를 기피하고 있다.
② 우리 농산물과 수입산 농산물의 가격 경쟁은 거의 불가능한 상황이다.
③ 국내 농경지 면적이 증가함에 따라 식량 공급 요인이 취약해지고 있다.
④ 유전자 조작 식품의 등장으로 인해 먹을거리와 식생활에 문제가 발생하고 있다.

3 ㉠과 ㉡의 예시를 추가할 때 적절하지 않은 것은?

불안을 얼마나 많이 느끼는가, 즉 강도는 큰 문제가 아니라는 주장이 최근에 주목을 받고 있다. 불안의 강도보다 얼마나 긍정적으로 해석하느냐가 훨씬 더 중요하다는 것이다. 불안은 어떻게 해석하느냐에 따라 수행에 방해가 될 뿐 도움이 되지 않는다고 보는 관점인 ㉠ 방해 불안(debilitative anxiety), 불안을 긍정적으로 해석하면 수행에 도움이 되는 긍정의 에너지가 될 수 있다는 개념인 ㉡ 촉진 불안(facilitative anxiety)으로 나뉜다.

시험을 앞두고 긴장될 때 오히려 공부가 잘된다는 사람도 많다. 긴장감이 있어야 프레젠테이션이 더 잘되고, 작업 오류도 줄어든다는 사람도 많다. 이들은 불안을 긍정의 에너지로 잘 사용하고 있는 사람들이다. 반면 시험을 칠 때 너무 불안해 갑자기 머릿속이 깜깜해져 시험을 망쳤다는 사례도 있다. 이는 불안을 부정적으로 해석했기에 불안이 수행을 방해한 것이다.

① ㉠ – 가수 A는 경연 대회에서 무대 공포증으로 노래를 끝까지 마치지 못했다.
② ㉠ – 성공한 소설가 B는 대작을 써야 한다는 부담감으로 집필을 시작하지 못했다.
③ ㉡ – 운동선수 C는 중요한 시합을 앞두고 불안을 느껴 안정제를 복용했다.
④ ㉡ – 패션모델 D는 무대에서 느끼는 긴장감을 즐기며 워킹을 성공적으로 마무리했다.

정답 및 해설 p. 25

DAY 25

제한 시간: 3분 시작: 시 분 ~ 종료: 시 분 점수 확인: / 3개

1 다음 글의 제목으로 가장 적절한 것은?

어느 나라, 어느 문화, 어느 시대이든 간에 음악이 존재하지 않았던 적은 없다. 원시 집단에도 음악이 있었고, 중국·인도·한국·일본의 고대 사회에도 음악이 있었다. 고대에 음악과 관련한 저서를 남긴 학자들은 음악을 수학적 또는 철학적·윤리적 방식으로 다루었다. 예를 들어 피타고라스는 옥타브와 5도 음정만이 순수한 협화음이라는 음악적 비율을 발견하여 음계 비례를 설명한 바 있고, 플라톤과 그의 제자 아리스토텔레스는 음악의 윤리적 가치에 많은 관심을 두었으며, 저서 『국가』와 『정치학』에서 음악에 대한 개념과 사회 안에서 음악이 가지는 기능에 관해 기술했다. 이후에도 음악은 서양의 역사와 함께 존재해 왔으며 로마네스크, 고딕, 르네상스, 바로크, 고전주의, 낭만주의를 거쳐 현대 음악에 이르고 있다.

동양에서도 음악에 대한 기록은 긴 역사를 가지고 있다. 고대 중국의 『예기(禮記)』에는 "음악의 도는 정치와 통한다(聲音之道, 與政通矣)"라는 기록이 나온다. 고대 중국에서는 정치를 베풀 때의 원칙과 음악의 원칙이 같다고 본 것이다. '음(音)'은 말의 변형된 형태니, 백성들 사이에 유행하는 노래를 통해 백성들의 마음을 파악하여 이를 정치에 반영하려 했음을 알 수 있다. 즉 음악에 '인간의 삶'이라는 심오한 의미가 담겨 있다는 것이다.

① 인류와 음악의 역사적 동행
② 동서양에서 즐기던 음악의 종류
③ 문화마다 다르게 해석된 음악의 의미
④ 나라마다 동일하게 발전된 음악의 역사

2 다음 글을 이해한 내용으로 적절하지 않은 것은?

문학은 유기체와 마찬가지로 진공 속에서는 결코 존재할 수 없다. 다른 인간 활동과 마찬가지로 그것은 어디까지나 구체적인 역사적 시간과 사회적 공간에 살고 있는 작가의 산물에 지나지 않는다. 물고기가 물을 떠나서는 잠시도 살 수 없듯이 작가도 역사라고 하는 물이 없이는 한순간도 존재할 수 없다. 역사 비평 방법은 바로 문학이 이렇게 역사적 산물이라는 전제에 깊은 뿌리를 두고 있다. 역사성, 과거에 대한 감각, 그리고 역사적 맥락에 대한 관심, 그것이 바로 역사 비평 방법의 출발점이요 논리적 근거라고 할 수 있다.

언어학을 크게 통시 언어학과 공시 언어학으로 나누는 것처럼 문학 연구도 통시적 방법과 공시적 방법의 두 갈래로 크게 나눌 수 있을 것 같다. 역사 비평이란 바로 이 두 유형 가운데에서 통시적 방법을 사용하는 비평 방법을 가리킨다. 시간의 추이와 조금이라도 관련이 있으면 일단 역사 비평 방법의 테두리에 넣을 수 있다. 그러므로 문학 작품을 분석하고 해석하는 모든 방법 가운데에서도 역사 비평 방법만큼 넓은 스펙트럼을 차지하고 있는 방법은 아마 찾아보기 드물 것이다. 공시적 관점에서 문학을 연구하려는 몇몇 방법론을 빼놓고는 사실 거의 모든 연구 방법이 다 이 비평 방법에 들어간다.

① 문학은 작가가 살고 있는 환경에 영향을 받는다.
② 대부분의 문학 연구 방법은 역사 비평 방법에 포함된다.
③ 역사 비평은 그 역사가 일어난 맥락보다는 역사성에 주목한다.
④ 문학 연구 방법은 언어학의 분류 방식과 동일하게 나눌 수 있다.

3 다음 글에서 추론한 내용으로 가장 적절하지 않은 것은?

교사가 가르치니 학생이 배우는 것이므로 교육이 학습에 우선한다고 주장하지만, 사실은 교사가 가르치는 것을 학생들이 전부 배우는 것도 아니고 가르치는 대로, 예컨대 어떤 현상에 대한 교사의 해석을 그대로 받아들이는 것도 아니다. 학습자는 스스로 취사선택하고 동시에 판단하면서 학습한다. 그러므로 교육을 하지만 교사가 바라는 대로 학습이 이루어지지 않는 '학습 없는 교육'이 세상 곳곳에서, 오랜 시간 동안 수없이 진행되어 온 것이다. 물론 교육 활동이 학습 활동을 자극하고 보조함으로써 학습을 돕는 것은 사실이다. 비록 언제나 목표한 대로 성공하지는 못하지만 그 실패가 반드시 학습자나 사회에 나쁜 결과를 가져오는 것도 아니다. 실패한 교육, 즉 가르치는 대로 배우지 않아서 오히려 좋은 결과를 가져온 사례를 역사 속에서 얼마든지 찾아볼 수 있다.

그리고 학교 같은 제도적 조직이 없거나 교사나 부모의 교육적 지도가 없어도 인간은 스스로 학습 활동을 해 왔다. '교육 없는 학습'을 세상 도처에서, 인류 역사의 시작부터 해 온 것이다.

① 학습자마다 받아들이는 교육의 내용은 서로 다르다.
② 학습은 교육이 선행된 후 이루어지는 것이 효과적이다.
③ 교사가 가르치는 내용이 모두 성공을 위한 방법은 아니다.
④ 인간은 타인의 강요가 없어도 주체적으로 배우는 일을 행한다.

정답 및 해설 p. 26

DAY 26

제한 시간: 3분 **시작**: 시 분 ~ **종료**: 시 분 **점수 확인**: / 3개

1 ㉠에 대한 글쓴이의 견해로 적절하지 않은 것은?

자연의 섭리 운운하며 ㉠ 유전자 쇼핑에 반대하는 일체의 주장은 시대착오적인 동시에 자기 부정적이다. 당장 지금 우리가 경험하고 있는 의료 기술의 상당수가 도입 초기에는 똑같은 비난을 받았다는 사실을 아는가? 중세 말기 유럽에서 페스트가 창궐했을 때 종교적 독단에 빠져 있던 사람들은 페스트를 일으킨 신의 노여움을 가라앉히겠다며 스스로 채찍질을 하는 등 진풍경을 연출했다. 제너(Edward Jenner)가 천연두를 치료하기 위해 소의 고름에서 짜낸 우두를 인간에게 접종하는 우두법을 개발했을 때 사람들은 "제너는 인간을 소로 만들 작정인가?"라며 조롱했다. 그러나 우리가 알다시피 제너의 우두법으로 수많은 사람들이 목숨을 구할 수 있었다.

인간이 스스로에 대해 알아감에 따라 질병 치료법 역시 소극적인 방치, 기도 등에서 적극적으로 자신의 몸에 손을 대는 방향으로 진화해 왔다. 초기에는 새롭고 낯선 의료 기술들이 저항에 부딪히곤 했지만, 시간이 지나고 그 효능이 인정되면 자연스럽게 정착되는 경우가 대부분이었다. 유전자 쇼핑 역시 마찬가지다. 지금은 종교적 · 관습적인 관점에서 볼 때 거부감이 클 수 있지만, 언젠가는 다른 의학적인 도구들과 마찬가지로 자연스럽게 받아들여질 것이다.

아울러 인간이 스스로의 유전자를 조작함으로써 진화에 관여하는 것 역시 마냥 두려워할 일은 아니다. 유전자 강화는 인간을 미지의 괴물로 만들자는 것이 아니라 누구나 가질 수 있는 강점을 극대화하고 약점은 보완하는 데 목적을 두고 있기 때문이다. 유전자 강화로 더 나은 신체적 · 정신적 능력을 갖춘다 해도 그것이 전과는 완전히 다른 새로운 인간의 출현을 의미하지는 않는다. 이전에는 100명 중 10~20명의 꼴로 있던 건강하고 우수한 인간이 40~50명 수준으로 많아지는 것일 뿐이다.

① 병에 쉽게 걸리지 않는 인간의 수가 늘어나게 될 것이다.
② 다른 의학 도구들처럼 도입 초기에는 거부감이 들 것이다.
③ 기존의 인간의 자리를 새로운 인간이 빼앗게 되는 일은 없을 것이다.
④ 인간을 진화시켜 궁극적으로 세상의 발전을 이룩하기 위한 것이다.

2 다음 글의 주된 서술 방식은?

기술(technology)의 어원은 그리스어인 '테크네(techne)'다. 테크네는 인간 정신의 외적인 것을 생산하기 위한 실천을 뜻한다. 옛날에는 과학을 인간 정신의 일부로 생각했던 반면 기술은 인간 정신의 밖에 있는 것으로 간주했던 것이다. 테크네는 오늘날의 기술 이외에도 예술과 의술을 포함한 넓은 의미를 가졌다. 19세기를 전후해 인류가 산업화를 경험하면서 기술의 의미는 오늘날과 같이 물질적 재화를 생산하는 것으로 구체화 됐다.

① 정의
② 비교
③ 묘사
④ 서사

3 다음 글을 이해한 내용으로 적절한 것은?

여성 잡지는 1960년대 후반에 발행 부수가 10만 부 선을 오르내릴 정도로 호황이었지만 경쟁도 치열하여 점차로 양적인 비대화와 부록 발행으로 독자를 유인하는 상황이 전개되었다. 여성지는 단행본과 함께 2~3종의 부록을 곁들여 임시로 책값을 올려 받는 사례까지 있었다. 이처럼 지나친 부록 경쟁을 중단하기 위해 잡지사들은 1968년 5월에는 '별책 부록 안 만들기'를 합의한 일까지 있었지만 잘 지켜지지 않았다. 그 후로도 여성지와 아동 잡지의 부록 발행은 계속되어 독자를 위한 부록이 아니라 잡지사의 출혈 경쟁을 강요하는 병폐라는 지적도 많았으나 시정되지 않았다. 이런 가운데 1980년 10월에는 언론 정화의 차원에서 이듬해부터는 부록 발행을 중단하기로 결의하여 이 경쟁은 중단되었다.

1960년대 중반에는 신문사 발행 주간지가 번창하면서 가벼운 오락물로 월간지의 독자를 흡수하여 대중 오락지가 큰 타격을 입었다. 그 결과 대중 오락지들은 외설적인 내용을 많이 싣게 되었고 종합 잡지들도 저속한 대중화 경향으로 흘렀다. 대중 잡지의 저속화는 사법적 제재를 받아 1969년 7월에는 『아리랑』과 『인기』 두 잡지가 입건되는 사태까지 있었고, 신문사 발행 주간지도 지탄의 대상이 되었다.

① 신문사 발행 주간지는 부록을 제공하지 않았다.
② 1981년부터 잡지사 간의 부록 발행 경쟁이 종결되었다.
③ 잡지사들은 더 많은 정보를 제공하기 위해 부록을 여러 권 발행하였다.
④ 신문사 발행 주간지가 인기를 끌면서 대중 오락지의 발행이 중단되었다.

정답 및 해설 p. 27

DAY 27

제한 시간: 3분 시작: 시 분 ~ 종료: 시 분 점수 확인: / 3개

1 내용의 전개에 따라 바르게 배열한 것은?

(가) 물리적 골격의 특징을 다음과 같이 좀 더 자세히 요약할 수 있다. 첫째, 방과 집의 기본 속성을 채움이 아닌 비움의 개념으로 정의함으로써 풍경을 담을 수 있는 여유가 준비된다. 둘째, 액자에 해당되는 창이 무궁무진하다고 할 만큼 다양하게 변한다. 셋째, 건물에 꺾임이 많아서 다양한 시선 작용과 풍경을 만들어낸다. 막힘과 뚫림이 변화무쌍한 점이 특히 풍경 작용을 더 다양하게 만든다. 평면 구성이 분할 · 증식으로 이루어지면서 팔다리가 뻗어나가듯 각 채가 독립적으로 존재하기 때문이다.

(나) 이 세 가지 특징을 종합적으로 이해하면서 물리적 골격을 적절히 조작할 수 있을 때 풍경 요소는 집과 일체가 되면서 다양한 장면을 연출한다. 가장 기본적으로 방의 본질을 벽의 고형성이 아닌 공간의 비움 대상으로 받아들이는 자세가 필요하다. 창이 열리고 닫히며 작동하는 방식을 다양하게 구사할 줄 알아야 하며, 집이 분할 · 증식하며 꺾이는 원리를 파악하여 풍경 요소를 대입시킬 줄 알아야 한다. 풍경 작용이 일어나기 좋은 지점을 잡아 그 쪽에 액자를 들이대야 한다는 뜻이다. 사실 이런 행위마저도 인위적이어서는 안 된다. 살면서 자연스럽게 일어나는 것이 제일 좋다.

(다) 물리적 골격 다음으로, 집을 둘러싼 외부 요소를 끌어들여 다양성을 배가시킨다. 특히 집 스스로가 풍경 요소가 되는 것이 가장 두드러진 특징이다. 한옥은 풍경을 만들어내고 즐기는 주체인 동시에 자기 스스로가 풍경을 이루는 구성 요소가 된다. 자유자재로 전도가 일어나면서 쌍방향으로 작동한다. 내가 있는 곳은 나를 중심으로 풍경 작용이 일어나는 출발점이지만 저쪽 채에서 보면 거꾸로 풍경 요소가 된다.

(라) 한옥에서 일어나는 풍경 작용은 매우 다양한데 그 배경은 여러 가지이다. 가장 먼저 물리적 골격을 들 수 있다. 한옥은 창과 각 방에서 집의 전체 구성에 이르기까지 스케일 변화에 따라 물리적 골격 자체가 다양하게 변한다. 이것은 액자가 다양하게 변한다는 의미인 동시에 액자를 바라보는 관찰자의 위치와 시선 등도 다양해진다는 의미이다.

① (가) – (나) – (다) – (라)
② (다) – (라) – (가) – (나)
③ (라) – (가) – (나) – (다)
④ (라) – (나) – (가) – (다)

2 다음 글을 통해 추론한 생각으로 적절한 것은?

자기 개념이란 상당히 안정적이지만, 그렇다고 해서 전혀 변하지 않는 것은 아니다. 주위의 평가에 따라, 혹은 자기 생각의 변화에 따라 얼마든지 바뀔 수 있다. 또한 주위 사람들의 반응에 따라 일시적으로 자기 개념이 흔들리는 경우도 있다. 자기 개념이 불안정해지면 자기 인식 욕구가 강하게 표출된다.

'자기 인식 욕구'란 자기를 알고 싶다는 욕구를 말한다. 내가 누구인지 정확하게 알고 싶다는 욕구가 바로 자기 인식 욕구이다. 자기 인식 욕구가 강해지면 자기에 관한 정보를 수집하게 된다. 한마디로 자기 인식 욕구는 자기 개념이 불안정해지면 나타나서 자기에 관한 정보를 수집함으로써 약화된다.

간단한 예를 들어보자. 자신은 상당히 합리적이라고 생각하는 사람이 있다고 치자. 그런데 어느 날 누가 자신에 대해, 자기만 알고 남은 모르는 너무 독단적인 사람이라고 말하고 다닌다는 소리를 들었다. 그 사람은 처음에는 화를 낼지도 모른다. 하지만 곰곰이 생각해 본 끝에 혹시 내가 정말로 독단적인 것은 아닌가 하는 의문이 들 수도 있을 것이다. 자기 개념이 불안정해진 것이다. 이런 생각이 든 것 자체가 자기 개념이 불안정해졌음을 뜻한다.

누구나 이러한 상황이 닥치면 자기를 정확하게 보고 싶다는 욕구가 발생한다. 그 결과 주위 사람들에게 물어볼 것이다. 내가 정말 독단적이냐고. 이것이 자기에 관한 정보 수집 행동이다.

친구에게서 "누가 그래? 이상한 사람 아냐? 네가 얼마나 합리적인데"라는 말을 듣는다면 자기 개념이 분명해져서 자기 인식 욕구는 사라지거나 약화된다.

① 자신에 대해 정확하게 알고 있는 사람은 자기 인식 욕구가 강하겠군.
② 자기 개념을 안정시키기 위해 주변 사람들의 반응은 무시할 필요가 있겠군.
③ 자기에 관한 정보를 충분히 수집한다면 타인에 대해서도 파악하기 쉽겠군.
④ 스스로에 대해 의문이 들기 시작하면 자신에 관한 정보를 수집하려고 노력하겠군.

3 다음 글의 주장으로 가장 적절한 것은?

역사를 왜 쓰고 가르치는가. 과거를 알아서 현재를 과거보다 낫게 하고 또 미래를 현재보다 더 낫게 하는 데 그 목적이 있다. 사람들이 역사를 배우거나 연구해서 현재를 과거보다 그리고 미래를 현재보다 낫게 하려는 대상은 이제 한 개인이나 한 국가의 범위를 넘어서 전체 인류 사회로 확대되어야 한다고 생각한다. 왜 그런가 하면 전체 인류 사회를 떠나 한 개인이나 한 국가가 과거보다 현재를, 현재보다 미래를 더 낫게 하는 것은 대개의 경우 다른 개인이나 국가의 이익과 상충되기 마련이어서 세계 평화를 위한 근본적인 해결책이 될 수 없기 때문이다.

제국주의 시대에는 어느 개인이나 국가가 과거보다 현재를, 현재보다 미래를 더 낫게 만들기 위해 다른 개인이나 국가를 침략하거나 희생시키는 것은 예사로운 일이거나 오히려 당연한 일이기도 했다. 그 때문에 결국 인류 사회 전체에 크고 작은 분쟁과 전쟁이 그칠 겨를이 없었다. 적어도 제국주의자가 아닌 평화주의자라면 역사를 쓰고 배우며 역사 운영에 직접 참여하는 최고의 목적은 결국 이 지구 전체를 하나의 평화 공동체로 만드는 길밖에 없음을 알게 될 것이다.

① 역사를 배움으로써 인류 사회 전체의 발전을 이룩해야 한다.
② 세계 평화를 이룩하여 새로운 역사를 써내려 가야 한다.
③ 역사를 통해 미래를 예측하여 보다 나은 삶을 만들어야 한다.
④ 한 개인의 발전을 세계 전체의 발전으로 이어갈 수 있어야 한다.

정답 및 해설 p. 28

DAY 28

제한 시간: 3분 **시작**: 시 분 ~ **종료**: 시 분 **점수 확인**: / 3개

1 ㉠~㉣ 중 문맥적 의미가 비슷한 것끼리 묶은 것은?

하이데거에게 ㉠ 고향은 현대 기술 문명에 대한 대칭 개념이다. 현대의 기술 세계가 인간을 비롯한 모든 존재자들을 계산 가능한 ㉡ 에너지원으로서 무자비하게 동원하는 세계인 반면에, 고향은 인간과 모든 존재자들이 자신들의 고유한 존재를 발현하면서도 서로 간에 조화와 애정이 지배하는 세계다. 하이데거는 자신의 고향인 농촌 메스키르히의 ㉢ 들길을 회상한 《들길(Feldweg)》이란 글에서 "이러한 고향에서 인간은 들길 옆에 튼튼하게 자란 ㉣ 떡갈나무처럼 광활한 하늘에 자신을 열고 어두운 대지에 뿌리를 박고 산다"라고 말하고 있다. 인간은 떡갈나무와 마찬가지로 "드높은 하늘이 부르는 소리에 귀를 기울이고 자신을 감싸 안고 있는 대지의 보호에 감사하면서 살 경우에만 그 어떤 조건에도 흔들리지 않는 영원하면서도 견실한 생명력을 갖는다"라는 것이다. 이러한 인간은 자신이 태어나서 죽어 가는 단순하고 소박한 자연의 소리에 귀를 기울이고 그러한 자연의 빛 안에서 자신들의 고유한 빛을 발하는 사물들의 아름다운 모습에 자신을 열 줄 아는 사람들이다.

하이데거는 현대 기술 문명의 위기는 궁극적으로 이러한 고향의 상실에서 비롯되었다고 생각한다. 사람들은 고향을 상실한 데서 비롯되는 공허감과 불안감에서 벗어나기 위해 끊임없이 기술을 개발하고 물질적인 소비와 향락을 추구한다. 사람들은 이 시대를 인류 역사상 처음으로 ㉤ 물질적인 풍요를 구가하고 있는 시대로 보지만, 하이데거에게는 그렇게 물질적 풍요를 추구한다는 사실 자체가 현대인들이 고향을 상실했다는 징표이며 그러한 물질적 풍요로 대체할 수 없는 본질적인 궁핍에 처해 있다는 징표다.

① ㉠, ㉡, ㉢ / ㉣, ㉤
② ㉠, ㉢, ㉣ / ㉡, ㉤
③ ㉠, ㉡, ㉤ / ㉢, ㉣
④ ㉠, ㉢ / ㉡, ㉣, ㉤

2 다음 글의 내용과 부합하지 않는 것은?

동서를 가리지 않고 문자가 있고 문자가 쓰이는 사회에는 지식과 학문, 그것을 갖춘 학식자가 존재한다. 고대 사회는 학식자를 받들어 문화, 즉 학문 · 예술 · 종교를 포함한 인간의 상징 세계를 창출하고 전달하는 보존 시설을 낳기에 이르렀다. 대표적인 예로 우리는 바빌로니아와 알렉산드리아의 도서관, 베이징의 학술원, 비잔틴과 인도의 학교, 이슬람 세계의 코란 학교, 메소포타미아의 사원 학교 등을 들 수 있다.

세계의 십자로로 알려진 알렉산드리아의 학술 연구소이자 도서관인 무세이온(museion, 기원전 280년경 설립)은 수백 명의 연구원과 수십만 권의 장서로써 학문 연구와 저작 활동을 통해 서양 학문의 한 기원을 이루었다.

모든 학식 혹은 교육 시설의 중요한 특색은 그것들이 대체로 국가나 전제 군주의 권력, 특정한 종파에 의해 세워지고 관장되었으며, 소수 지배 계층을 위한 시설이었다는 것이다. 고대 사회에서 문자 교육은 소수 특권 계급만이 누릴 수 있었다. 생산 노동에 종사하는 절대다수의 일반 서민층은 가정 내 혹은 일터에서 사회적 관행을 따르거나 일을 배우는 교육만을 받았다. 문자 및 지식과 학문은 그 자체가 권력이었으며 "다른 인간의 예속화를 쉽게 만드는 도구"(레비-스트로스)로 기능했다.

① 고대 사회에서는 지식이 곧 권력이었다.
② 고대 사회에서 일반 서민층은 제한적인 교육을 받았다.
③ 무세이온의 연구원들은 공로를 인정받아 특권 계급이 될 수 있었다.
④ 고대 사회는 문화를 창출하고 전달하기 위해 학교와 같은 공간을 만들었다.

3 다음 글의 전개 순서로 가장 자연스러운 것은?

(가) 감정은 내 상태와 기분을 알려 주는 신호였다. 나의 감정은 내가 어떤 결정을 내리는 중요한 근거였다. 그러나 이제는 감정대로가 아니라, 내 위치나 자리에 알맞게 행동해야 하는 경우가 늘었다. 온종일 '감정 노동'이 계속되는 셈이다.

(나) 글루밍을 하는 무리는 아주 클 수가 없다. 고작해야 십여 마리다. 이보다 많았다가는 하루 종일 털만 쓰다듬고 있어야 할 테다. 사람도 마찬가지다. 진정으로 마음을 보듬는 사이는 몇 명을 못 넘긴다. 수백 명과 '진정한 관계'를 맺기란 신이 아니고서야 불가능하다.

(다) 원숭이들은 '글루밍(glooming)'을 한다. 글루밍이란 서로의 털을 골라 주고 쓰다듬는 일이다. 스킨십을 통해 정을 나누는 셈이다. 인간들은 말로 글루밍을 한다. 따뜻한 말과 관심으로 서로 애정을 나눈다는 뜻이다. 글루밍이 제대로 되지 않은 원숭이는 우울증에 빠진다. 사람도 별다르지 않다.

(라) 그럼에도 오늘날에는 인간관계의 폭이 넓어지기만 한다. 어디서나 친절한 미소를 띠고 다가오는 사람들로 넘쳐 난다. 만나는 사람은 늘어도 깊은 속을 나눌 사람은 줄어든다. 내 진실한 감정을 털어놓지 못할수록, 내 속마음이 뭔지 알기도 어렵다. 그냥 답답하고 외롭고 짜증이 날 뿐이다.

① (가) – (나) – (다) – (라)
② (가) – (다) – (나) – (라)
③ (다) – (가) – (나) – (라)
④ (다) – (나) – (라) – (가)

정답 및 해설 p. 29

DAY 29

제한 시간: 3분 시작: 시 분 ~ 종료: 시 분 점수 확인: / 3개

1 다음 글을 읽고 추론한 내용으로 적절한 것은?

생물 노화 기술(biogerontechnology)은 인간의 생물학적 노화 과정을 연구하여 평균 수명을 연장하고 노인의 건강한 삶을 지원하려는 기술이다. 질병과 노화의 원인을 분자 및 세포 차원에서 연구하기 때문에 분자 생물학과 세포 생물학의 핵심 기술에 기반을 둔다. <중 략>

노화를 저지하는 기술이 발전하면 미국인의 수명이 연장되고 노인의 건강 상태가 현저히 개선되기 때문에 생물 노화 기술은 미국의 국가 경쟁력에 막대한 영향을 미칠 것임에 틀림없다. 정치적, 경제적, 문화적으로 미국 사회 전반에 걸쳐 파급 효과가 지대할 것이기 때문에 생물 노화 기술은 현상 파괴적 기술로 여겨진다.

무엇보다 생물 노화 기술은 미국 정부의 보건 관련 예산을 결정적으로 감소시킨다. 보건 예산은 미국 국내 총생산(GDP)의 16%를 점유하므로 생물 노화 기술로 상당 부분 절감되면 그만큼 다른 분야에 투입할 수 있기 때문에 경제 전반에 걸쳐 구조적 변화가 일어날 수밖에 없다. 또한 수명이 연장되고 질병으로부터 해방된 건강한 노인 인구가 급증하여 미국 경제에 활력소가 된다. 이들은 생산성이 높기 때문에 국가 경쟁력에 크게 기여한다. 그러나 한편으로는 노인 노동자의 증가로 고용 형태나 은퇴 제도에 부정적 영향이 나타날 수 있다. 노인들이 기득권을 누리며 일터를 점령하면 노동 시장에 젊은 사람들이 진입하기 어려워진다. 은퇴의 개념도 바뀌어 의무 퇴직 연령도 더 높아지고 은퇴는 경제 활동 능력이 종료된 것이 아니라 새로운 삶을 위해 자신의 경험을 활용하는 계기로 여겨진다.

① 생물 노화 기술은 모든 생물에 적용할 수 있다.
② 생물 노화 기술은 노동 시장을 고착화시킬 수 있다.
③ 생물 노화 기술은 국가 간의 갈등을 유발할 것이다.
④ 생물 노화 기술이 적용된 사회는 고령화 문제가 해결될 것이다.

2 다음 글의 중심 내용으로 가장 적절한 것은?

사랑은 합리적 추리나 논리적 사고에서 밝혀지기보다는 체험과 경험의 내용을 반성하거나 회상해 봄으로써 깨닫게 된다. 부모가 되어 보지 못한 사람은 부모의 사랑을 충분히 알기 어렵다. 직접 체험해 보지 못했기 때문이다. 오늘의 젊은이들은 일제 시대 애국지사들의 뜻을 피부로 느끼기는 어렵다. 경험한 사실이 없기 때문이다.

그래서 폭넓은 사랑을 해 본 사람이 풍부한 삶을 갖도록 되어 있으며, 사랑의 깊이와 높이를 알기 위해서는 진정한 사랑을 체험하지 않으면 안 된다. 우리는 그 대표적인 인물로 공자, 석가, 예수 같은 사람을 존경하는 것이다.

사랑은 받아 본 사람이 하게 되어 있다는 것도 사실이다. 사랑은 받기만 하는 사람도 없고 주기만 하는 이도 없다. 주고받는 데 다소의 차이는 있을 수 있으나 사귐이 그러하듯이 사랑도 주면서 받도록 되어 있는 것이다. 그리고 그것이 인간적 삶인 것이다. 완전히 고립된 삶이 있다면 사랑은 머물 곳이 좁아진다. 고독은 사랑이 없는 병이라고 말해도 틀리지 않을 것이다.

① 마음의 상처는 사랑으로 극복할 수 있다.
② 진정한 사랑은 경험을 통해 깨달을 수 있다.
③ 사랑의 주고받음을 통해 인간적 삶을 살 수 있다.
④ 누군가를 존경함으로써 폭넓은 사랑을 할 수 있다.

3 다음 글의 내용으로 적절하지 않은 것은?

동물에 대한 도구적 관점은 인간의 영혼 깊숙이 스며 있다. 역사적으로 인간은 동물이 자신의 복리에 기여하는 만큼만 가치를 인정해 왔다. 인간을 위해 동물이 무엇을 할 수 있는가 하는 문제가 항상 판단의 기준이 된다. 우리의 먹이가 되는가. 우리의 옷이 되는가. 우리를 즐겁게 해 주는가. 우리를 위해 싸우는가. 우리를 안락하게 해 주는가. 물론 노예와 마찬가지로 동물도 분명히 효용이 있다. 동물은 여러 방식으로 좋은 도구가 된다.

하지만 동물을 바라보는 우리의 시선은, 노예에 비할 수 없을 만큼 훨씬 도구적 관점이 깊이 물들어 있다. 사실상 다른 방식으로 동물을 인식하기란 매우 어렵다. 이기심에 따라 뒷받침되는 인간의 전통과 습관의 힘 때문이다. 심지어 하느님에 의해서든, 창조적 자연에 의해서든 동물이 인간의 도구로써 '만들어졌다'고 아무렇지 않게 말하기도 한다. 동물의 '목적', 즉 동물이 기획된 이유 자체가 인간의 욕망을 충족시키기 위한 것이라고 믿는 것이다. 이것 말고는 동물이 살아야 할 그 어떤 이유도 없다는 뜻이다. 동물의 가치는, 인간을 위해 무엇을 해줄 수 있는가에 따라 결정될 뿐이다. 우리가 사는 곳에서 멀리 떨어진 야생 세계에 사는 동물을 관찰할 때에도 우리는 동물을 멋진 구경거리로, 과학적 관심의 대상으로만 생각한다.

① 인간은 동물의 가치를 효용에 따라 판단한다.
② 인간은 자신의 욕망 실현을 위해 동물을 일방적으로 이용한다.
③ 인간은 관습에 의해 동물에 대한 도구적 관점을 쉽게 바꾸지 못한다.
④ 인간은 종래의 도구적 관점에서 벗어나 동물의 권리를 보장해야 한다.

정답 및 해설 p. 30

DAY 30

제한 시간: 3분 시작: 시 분 ~ 종료: 시 분 점수 확인: / 3개

1 다음 글을 읽고 추론한 내용으로 가장 적절한 것은?

소형 녹음기를 하나 준비해서 녹음이 가능한 상태로 만든 뒤, 반나절 정도 그것을 가지고 다니면서 자신이 하는 말들을 녹음해 보자. 물론 녹음을 하고 있다는 사실을 의식해서는 안 될 것이다. 그렇게 녹음한 것을 한번 찬찬히 들어 보자. 들으면서 자신이 대화를 할 때 몇 개 정도의 단어를 구사하고 있는가, 어법에 맞게 말을 하고 있는가, 얼마나 다양한 주제들을 가지고 이야기를 하고 있는가 등을 따져 보자.

이렇게 따져 보면서 우리는 몇 가지를 알아낼 수 있다. 우선, 우리가 일상에서 하는 말들은 그리 어려운 단어로 이루어지지 않으며 어법에 맞아떨어지는 문장을 구사하는 것도 아니라는 사실을 발견할 수 있다. 실제로 일상생활을 영위하는 가운데 벌어지는 의사소통은 오로지 말에만 의존하지 않는다. 표정, 몸짓 등이 상당 부분을 차지한다. 종이에 뭔가를 써 가면서, 아니 적어도 끄적거리기라도 하면서 말을 하지 않으면 아예 대화를 이어가지 못하는 사람도 있다. 그러므로 그런 것들을 빼고 주고받았던 말만 들어 보면 이야기가 어떻게 전개되었는지도 모르는 경우가 있을 수 있다.

이처럼 우리가 일상에서 사용하는 단어들은 지극히 제한된 것이고, 말로만 자신의 생각을 전달하는 데에는 한계가 있다. 만약 글을 읽고 그것을 자신의 머리로 생각하는 일을 곁들이지 않는다면 우리가 평생 배우게 되는 지식은 그리 많지 않을 것이다. 문자로 기록된 지식이 없이 오로지 구전(口傳)에만 의존하는 집단이 발전되지 않은 상태로 남아 있는 까닭도 바로 여기에 있다. 따라서 세상을 그럭저럭 살아갈 것이 아닌 바에는 말만이 아니라 글로 된 뭔가를 읽어야만 하는 것이다.

① 집단의 발전을 위해서는 문자가 필요조건임을 알 수 있다.
② 인간은 언어라는 고차원적인 수단을 통해 다른 종들과 구별된다.
③ 인간은 의사소통 과정에서 언어적 표현보다 비언어적 표현을 더 신뢰한다.
④ 독서 과정에서 사고가 자동적으로 이루어지므로 풍부한 지식을 습득할 수 있다.

2 다음 글에서 알 수 없는 것은?

사람들은 여러 가지 수단으로, 예를 들어 주식, 채권, 부동산, 금 등 자신이 선호하는 방식으로 부를 보유하고 축적한다. 돈은 그 수단들 가운데 하나다. 그런데 우리나라 돈의 평균 수명을 보면 천 원권은 52개월, 만 원권은 121개월인 데 비해, 오만 원권은 10년 이상이라 한다. 고액권일수록 평균 수명이 길다. 그 이유는 가치의 저장 수단 기능과 밀접하게 관련이 있다. 사람들이 가치를 저장하는 수단으로 고액권을 선호하므로 고액권일수록 시중에 유통되지 않고 집 안에 고이 보관하기 때문이다.

하지만 돈은 가치를 저장하는 목적에서 볼 때, 별로 좋은 수단이 아니다. 다른 수단들은 보유하면서 가치 상승을 기대할 수 있다. 예를 들어 사람들은 주가가 오르거나 땅값이 오르기를 기대하면서 주식이나 부동산을 보유한다. 돈은 그렇지 않다. 돈의 가치는 불어나지 않는다. 오히려 인플레이션으로 인해 줄어든다.

이런 점에서 돈은 가치를 저장하는 수단으로서는 좋은 점수를 받지 못한다. 그럼에도 사람들이 여전히 돈을 선호하는 이유는 일상생활에서 거래를 할 때 교환의 매개 수단으로 유용하게 쓸 수 있기 때문이다. 병원에서 치료를 받고 금이나 아파트로 대가를 지불할 수 없듯이 말이다.

① 돈은 오랫동안 가지고 있을수록 가치가 하락한다.
② 돈은 사람들이 부를 보유하고 축적하는 수단이다.
③ 금액이 적은 돈은 자주 사용되지 않으므로 평균 수명이 길다.
④ 돈은 교환의 기능을 하므로 일상에서 유용하게 사용된다.

3 (가) ~ (다)에 들어갈 말로 가장 적절한 것은?

미시 경제학(microeconomics)은 국민 경제 있어서 개인이나 기업이 어떤 동기로 어떤 법칙에 의하여 의사 결정을 하며 그 활동의 결과로 여러 가지 재화·용역·생산 요소의 가격 및 공급량이 어떻게 결정되는가의 문제를 연구 대상으로 하는 학문이다. (가) 어떤 기업일지라도 신제품을 출하하거나 새로운 사업을 시작할 때는 소비자나 사용자에게 대대적인 시장 조사를 실시하게 되며, 그 결과를 기초로 가격을 결정하거나 생산량을 결정한다. (나) 이미 판매된 상품에 대해서도 가격·만족도 등에 소비자의 판단을 기준으로 어느 상품이 얼마만큼 팔렸는가를 조사한다. 이와 같이 자본주의 경제를 다루는 미시 경제학에서는 경제 행위의 상호 작용이 시장에서 나타난다. 시장에서의 상호 작용은 시장 가격을 둘러싸고 이루어지며, 가계의 소비와 기업의 생산이 이루어지는 시장에서 가계와 기업의 상호 작용이 가격을 결정하고, 거꾸로 가격은 개별 경제 주체들의 상호 작용에 영향을 미친다. (다) 미시 경제학에서는 시장에서의 가격 결정 원리가 중요하며 이와 같은 맥락에서 이를 전통적으로 가격론(price theory)이라고도 부른다.

	(가)	(나)	(다)
①	아울러	반면	게다가
②	더구나	따라서	그러나
③	예를 들어	그래서	한편
④	다시 말하면	또한	따라서

정답 및 해설 p. 31

해커스공무원
국어 비문학 독해 333 Vol.3

초판 2쇄 발행 2024년 11월 11일
초판 1쇄 발행 2022년 7월 15일

지은이	해커스 공무원시험연구소
펴낸곳	해커스패스
펴낸이	해커스공무원 출판팀
주소	서울특별시 강남구 강남대로 428 해커스공무원
고객센터	1588-4055
교재 관련 문의	gosi@hackerspass.com 해커스공무원 사이트(gosi.Hackers.com) 교재 Q&A 게시판 카카오톡 플러스 친구 [해커스공무원 노량진캠퍼스]
학원 강의 및 동영상강의	gosi.Hackers.com
ISBN	979-11-6880-384-8 (13710)
Serial Number	01-02-01

이 책의 내용 중 일부는 국립국어원이 제공하는 '표준국어대사전', '한국어 어문 규범'을 참고하였습니다.

해커스공무원

국어

비문학 독해 333

Vol.3

정답 · 해설

비문학 지식 암기노트

약점 보완 해설집

해커스공무원

해커스공무원

국어 비문학 독해 333 Vol.3

정답 · 해설

비문학 지식 암기노트

약점 보완 해설집

해커스공무원

DAY 01

p. 24

1 ③　**2** ③　**3** ①

1 세부 내용 파악

정답 해설

③ 2문단 3~4번째 줄을 통해 선생님은 어린 월트의 그림에 감명을 받지 못했음을 알 수 있으나, 월트에게 다시 그림을 그리게 했는지는 확인할 수 없다. 따라서 글에 대한 설명으로 적절하지 않은 것은 ③이다.

[관련 부분] 선생님은 이 소년의 파격에 그다지 감명을 받지 못했고

오답 분석

① 2문단 1~3번째 줄을 통해 확인할 수 있다.

[관련 부분] 어린 월트는 꽃송이마다 한가운데에 얼굴을 그려 넣어 작품을 멋있게 꾸몄는데, 지금의 전형적인 필치이며 어떤 의미에서는 디즈니의 많은 애니메이션 캐릭터의 전조로 볼 수 있었다.

② 3문단 끝에서 1~2번째 줄과 4문단 끝에서 1번째 줄을 통해 확인할 수 있다.

[관련 부분]

- 모든 직원들의 아이디어를 환영했을 뿐 아니라 그러한 아이디어를 실현시키기 위해 활발히 노력했다.
- 직원과 고객을 굳게 믿어야 한다는 것을 본능적으로 알고 있었다.

④ 3문단 2~4번째 줄을 통해 확인할 수 있다.

[관련 부분] 그는 아무도 수고스럽게 창의성을 자극하지 않기 때문에 직원들 사이에서 창의력이 고갈되어 버린다는 사실을 알고 있었다. 그래서 많은 기업들이 으레 그러듯 한 가지 특정 목적으로만 사람을 뽑아 한 자리에 고정시키기보다는

2 논지 전개 방식

정답 해설

③ 제시문은 음료수와 우유의 용기 모양과 진열 공간이 각각 다른 이유를 밝혀 설명하고 있다. 따라서 다음 글의 주된 서술 방식은 ③ '대조'이다.

- 대조: 서로 관련성이 있는 두 가지 이상의 대상을 견주어 차이점을 들어 설명하는 방식

오답 분석

① 예시: 설명하려는 대상에 대한 구체적인 예를 들어 진술하는 방식

② 서사: 사건의 진행 과정이나 사물의 움직임과 변화를 시간의 흐름에 따라 구체적으로 풀어 설명하는 방식

④ 분석: 하나의 관념이나 대상을 그것을 이루는 구성 요소로 나누어 설명하는 방식

비문학 지식 암기노트

서사·과정·인과의 차이

서사·과정·인과는 모두 시간의 흐름에 따라 내용을 전개하는 방식이나, 서사는 '무엇'에, 과정은 '어떻게'에, 인과는 '왜'에 초점을 맞춰 설명한다는 점에서 차이가 있다.

3 내용 추론

정답 해설

① 1문단에서 나라마다 인식하는 무지개 색의 개수가 다른 이유를 무지개의 색을 분류하는 말이 나라마다 서로 다르기 때문이라고 설명하며, 2문단에서는 어린이들이 서로 다른 색을 모두 동일한 명칭으로 표현하면 구별하지 못하는 것을 예로 들어 언어가 인간의 사고를 지배함을 설명하고 있다. 이를 미루어 보아 인간은 자신이 사용하는 언어를 통해 세계를 인식한다는 것을 추론할 수 있으므로 ①은 적절하다.

오답 분석

② 2문단 1~3번째 줄을 통해 어린이가 여러 가지 색을 직접 보더라도 명칭을 알지 못하면 그 색들을 구별하지 못함을 알 수 있으므로 적절하지 않은 추론이다.

[관련 부분] 우리 국어에서도 초록, 청색, 남색을 모두 푸르다(혹은 파랗다)고 한다. '푸른(파란) 바다', '푸른(파란) 숲', '푸른(파란) 하늘' 등의 표현이 그것을 말해 준다. 따라서 어린이들이 흔히 이 세 가지 색을 혼동하고 구별하지 못하는 일도 있다. 분명히 다른 색인데도 한 가지 말을 쓰기 때문에 그 구별이 잘 안 된다는 것은

③ 1문단의 우리나라와 로데시아 사람이 무지개 색을 서로 다르게 인식하는 내용을 통해 서로 다른 언어를 사용한다면 동일한 장면을 서로 다르게 해석한다는 것을 알 수 있으므로 적절하지 않은 추론이다.

④ 1문단 3~5번째 줄을 통해 모호한 색깔을 지칭하는 단어가 분명하게 있다면 그러한 색도 분명하게 인식할 수 있음을 알 수 있다. 따라서 인간이 모호한 색을 인식하지 못해서 그 색들의 명칭이 생기지 못한 것이라는 내용은 인과 관계가 뒤바뀐 추론이므로 적절하지 않다.

[관련 부분] 그 부분을 지칭하는 단어가 있다면 그런 모호한 색깔도 분명하게 인식될 것이다. 그러나 그런 말이 없기 때문에 우리가 그 색을 분명히 인식하지 못하는 것일 뿐이다.

DAY 02

p. 26

1 ④ 2 ④ 3 ④

1 글의 전략 파악

정답 해설

④ 제시문에서 확인할 수 없는 글쓰기 방식이므로 적절하지 않다.

오답 분석

① 2문단 1~2번째 줄에서 스스로 질문하고 답하는 형식을 사용하여 '기술의 발전'이라는 화제를 제시하고 있다.
[관련 부분] 기술의 발전은 삶의 질을 높이고 사회를 진보시키는 데 긍정적인 영향만을 미치는가? 그렇지는 않다. 기술의 발전은 인간과 사회에 긍정적인 영향과 부정적인 영향을 동시에 미친다.

② 3문단 3~4번째 줄에서 '통제의 딜레마'라는 전문 용어를 쉽게 풀어서 설명하고 있다.
[관련 부분] 통제의 딜레마란, 비록 기술 영향 평가를 통해 어떤 기술이 문제가 많다고 판단될지라도, 그 기술의 개발이 이미 상당히 진행되어 있는 상태라면 그것을 중단시키는 일이 거의 불가능하게 되는 상황을 말한다.

③ 3문단과 4문단에서 사후적 평가와 처방의 방식으로 이루어진 초창기 '기술 영향 평가'의 한계로 인해 사전적이고 과정적인 방식의 '기술 영향 평가'로 발전되었음을 설명하고 있다.

2 내용 추론

정답 해설

④ 괄호 앞에서 사람들이 평론가들의 엄격한 심사를 거친 수준 높은 작품만이 미술관에 전시된다고 여기면서 미술관 전시 여부는 예술가의 품위와 격을 평가하는 기준이 되었음을 설명하고 있다. 이를 미루어 보아 미술관에 작품이 전시된다는 것은 평론가들의 평가를 통과해 예술 작품으로 인정받았음을 의미하는 것으로 볼 수 있으므로 괄호 안에 들어갈 말로 가장 적절한 것은 ④이다.

오답 분석

① 괄호 뒤에서 종교적 시설에 전시되어 있던 예술 작품들이 미술관으로 자리로 옮기게 되면서 예술 작품들의 사회적 지위가 높아졌음을 언급하고 있으나, 이를 통해 미술관에 전시된 작품이 종교적인 의미 없이 예술 그 자체로 인정받는지 알 수 없으므로 적절하지 않다.
[관련 부분] 종교적 시설이나 귀족의 궁전에 전시되어 있던 과거의 예술 작품들은 ~ 미술관으로 자리를 옮겼고, 이에 따라 예술 작품들의 사회적 지위는 한없이 높아졌다.

② 제시문을 통해 예술가와 부르주아 간의 관계는 알 수 없으므로 괄호 안에 들어갈 말로 적절하지 않다.

③ 괄호 앞에서 예술 작품이 미술관에 전시되면 전시되기 이전보다 사회적 가치가 높아진다고 설명하고 있다. 이는 미술관 자체가 높은 권위를 지니고 있었기 때문에 미술관에 전시된 작품이 사회적 가치를 높일 수 있었던 것일 뿐, 미술관에 전시된 작품이 미술관의 사회적 가치를 높여준 수단이 된 것은 아니므로 적절하지 않다.
[관련 부분] 박물관과 미술관은 일종의 명예의 전당이었다. 한 예술 작품이 그곳에 전시되면 그 작품의 사회적 가치는 전시되기 이전과 비교할 수 없을 정도로 높아졌다.

3 글의 구조 파악

정답 해설

④ ⓒ - ⓛ - ⓔ - ⓐ의 순서가 가장 자연스럽다.

순서	중심 내용	순서 판단의 단서와 근거
ⓒ	홍학의 붉은색은 베타카로틴이라는 색소 덕분임	접속어나 지시어로 시작하지 않으면서 글의 중심 화제인 '홍학'과 '베타카로틴'을 제시함
ⓛ	홍학에는 베타카로틴을 만드는 세포가 없음	접속어 '그런데': 홍학이 붉은 이유는 베타카로틴 때문이라는 ⓒ의 내용과 달리 홍학에는 베타카로틴을 만드는 세포가 없다는 내용을 제시함
ⓔ	홍학의 먹이에 존재하는 베타카로틴이 깃털을 만드는 세포로 이동하여 붉은색을 띰	키워드 '대신': 홍학에 베타카로틴을 생성해 주는 것이 홍학의 먹이임을 설명함
ⓐ	깃털은 빠지기 때문에 먹이를 계속 먹어야 붉은색을 유지할 수 있음	지시 표현 '이런 먹이': ⓔ에서 언급한 '조류'와 '갑각류'를 가리킴

DAY 03

p. 28

1 ③ **2** ② **3** ③

1 내용 추론

정답 해설

③ ㉠의 앞에서는 현실 공간에서 비교적 쉽게 일어나는 일들이 사이버 공간에서는 이루어지기 어려움을 언급하며, ㉠의 뒤에서는 사이버 공간에서 행위의 방향을 결정하기 어려운 이유를 상대방의 얼굴 표정이나 옷차림과 같이 의사소통에 영향을 주는 것들을 파악하기 어렵기 때문이라고 설명하고 있다. 따라서 ㉠에는 사이버 공간이 현실 공간(대면적인 상황)과 다르게 의사소통을 위한 상징 교환(상대방의 얼굴 표정이나 옷차림 등)이 제한되어 있다는 내용이 들어가는 것이 적절하다.

오답 분석

①④ 제시문을 통해 확인할 수 없는 내용이다.

② ㉠의 뒤에서 사이버 공간에서는 상대방이 입고 있는 옷차림을 보고 지위의 높낮이를 추측할 수 없다는 내용을 확인할 수 있을 뿐 사회적 지위를 중요하게 여기지 않는지는 알 수 없으므로 ㉠에 들어갈 이유로 적절하지 않다.
[관련 부분] 사이버 공간에서는 ~ 입고 있는 옷차림을 보고 지위의 높낮이를 추측할 수 없다.

2 세부 내용 파악

정답 해설

② 2문단 1~2번째 줄을 통해 사람이 느끼는 나쁜 감정은 대화로 사라질 수 있음을 확인할 수 있다. 따라서 부정적인 감정은 혼잣말로 해소할 수 있다는 ②의 내용은 적절하지 않다.
[관련 부분] 분노, 슬픔, 증오와 같은 나쁜 감정에 사로잡히게 되는 경우, 우리는 몇 마디 대화로 그런 감정에서 깨끗이 벗어날 수 있다는 것을 경험한다.

오답 분석

① 1문단 2~3번째 줄을 통해 어린아이는 대화를 통해 인격이 형성됨을 확인할 수 있으므로 적절하다.
[관련 부분] 어린아이가 이런 대화를 통해 인격이 형성되고

③ 1문단 1~2번째 줄을 통해 언어가 사람의 인격과 사상을 드러냄을 알 수 있으므로 적절하다.
[관련 부분] 인간은 사고하는 존재이며 그 사상은 언어로 표현된다. 그러므로 언어는 사람의 인격과 사상의 표현이라고 할 수 있다.

④ 3문단 2~3번째 줄을 통해 자기 분야에서 실력을 갖추는 것만으로는 충분하지 않고, 그 실력을 효과적으로 전달할 수 있어야만 자신의 능력을 평가받을 수 있음을 확인할 수 있다. 따라서 자신의 분야를 효과적으로 설명할 수 있다면 그 능력을 인정받는다는 내용은 적절하다.
[관련 부분] 자기 분야에서 실력을 갖추어야 하지만 그것만으로는 충분하지 않다. 그 실력을 효과적으로 전달하여야 자신의 능력을 평가받을 수 있기 때문이다.

3 적용하기

정답 해설

③ ㉠ '외화면'은 프레임 상으로 보이지 않는 화면 밖의 공간으로, 관객의 눈에 보이지 않지만 프레임 내부 화면과 연결되어 관객이 충분히 느끼고 인식하게 되는 공간이다. 이때 ③은 주인공의 뒤로 평상에 누워 잠든 사람의 모습을 통해 평화로운 분위기를 그려내는데, 이때 평화로운 분위기는 프레임 내부의 평상에 잠든 사람을 통해 나타나는 것이므로 ㉠의 예로 적절하지 않다.

오답 분석

① 프레임 내부에는 어두운 집안의 광경만 보이지만 닭 우는 소리를 통해 프레임 밖의 시간이 아침임을 드러내고 있으므로 ㉠의 예로 적절하다.

② 프레임 내부에는 사장의 모습만 보이지만 사장의 나가라는 손짓을 통해 프레임 밖에서 누군가가 사장실로 들어왔음을 드러내고 있으므로 ㉠의 예로 적절하다.

④ 프레임 내부에는 어두운 골목에 숨어 있는 주인공의 모습만 보이지만 발자국 소리를 통해 프레임 밖에서 누군가가 주인공을 쫓아오고 있음을 드러내고 있으므로 ㉠의 예로 적절하다.

DAY 04

p. 30

1 ③ **2** ③ **3** ②

1 관점과 태도 파악

정답 해설

③ 1문단 4~6번째 줄을 통해 입양 당일에 병원에 들러 기초적인 건강 상태를 점검해야 하는 것은 맞지만, 백신은 입양되고 새로운 환경에 적응한 후에 실시하는 것이 좋다고 설명하고 있으므로 글에 나타난 필자의 견해로 볼 수 없는 것은 ③이다.

[관련 부분] 입양 당일 동물 병원에 들러 기초적인 건강 상태를 점검하고 구충(驅蟲)을 실시하는 것을 권한다. ~ 백신은 대략 1주일이나 열흘가량 새로운 환경에 적응한 후 실시하는 것이 좋다.

오답 분석

① 1문단 2~3번째 줄에서 필자는 너무 어릴 때 입양하게 되면 신체적·정서적 문제가 생길 수 있으므로 8주 이상 된 개체를 입양하는 것이 좋다고 이야기하고 있다.

[관련 부분] 어미젖을 먹는 기간이나 새로운 환경에 적응하는 능력 등을 고려할 때 적어도 8주 이상은 된 개체를 입양하는 것이 좋다. 지나치게 어릴 때 입양하게 되면 신체적으로나 정서적으로 평생 문제가 될 수도 있다.

② 2문단 3~4번째 줄에서 필자는 입양한 동물을 대할 때 학대하거나 소홀히 해도 안 되지만, 너무 잘해주려고 하거나 서둘러서도 안 된다고 이야기하며 중간을 지켜야 한다고 생각함을 알 수 있다.

[관련 부분] 학대하거나 소홀히 해도 안 되지만, 너무 잘해주려고 안달하거나 조급하게 서둘러서도 안 된다.

④ 2문단 1~2번째 줄에서 필자는 새로운 동물을 만나기 전후에 적절한 사료나 그릇 등과 같은 주변 환경을 정비하는 것도 중요하지만, 동물을 대하는 자세를 가다듬는 것 또한 중요하다고 이야기하고 있다.

[관련 부분] 새로운 동물을 만나기 전 혹은 만난 이후 적절한 사료나 그릇, 깔개나 용변 처리 도구 등을 준비하는 것도 중요하지만, 대하는 자세를 가다듬는 것도 그 못지않게 중요하다.

2 글의 구조 파악

정답 해설

③ 내용의 전개에 따라 바르게 배열한 것은 (다) - (나) - (가) - (라)이다.

순서	중심 내용	순서 판단의 단서와 근거
(다)	어떤 나라의 참모습을 보고자 한다면 그 나라 또는 지역 주민들의 삶의 현장인 전통 시장에 가보면 됨	접속어나 지시 표현으로 시작하지 않으면서 글의 중심 화제인 '전통 시장'을 제시함
(나)	전 세계적으로 전통 시장이 활력을 잃어가고 있으며, 대다수의 시장들은 내외적 요인으로 어려움에 처함	지시 표현 '이러한 전통 시장': (다)에서 제시한 '전통 시장'에 해당함
(가)	우리나라에서는 전통 시장의 문제를 해결하기 위해 많은 사업이 시도되고 있으나, 그 효과는 일부에 국한되며 한시적임	지시 표현 '이런 문제': (나)에서 언급한 '전통 시장이 봉착한 어려움'을 가리킴
(라)	대부분의 시장 활성화 사업은 상인들의 주도하에 이루어지지 못하고 정부와 지자체 등 외부에만 의존했기 때문에 지속되지 못한 것임	지시 표현 '이런 문제': (가)에서 설명한 우리나라 시장 활성화 사업의 효과가 일부에 국한되고 한시적인 문제를 가리킴

3 내용 추론

정답 해설

② <보기>의 ㉠, ㉡에 들어갈 단어로 가장 옳은 것은 ② ㉠ '이탈(離脫)', ㉡ '출현(出現)'이다.

- ㉠ 이탈(離脫): ㉠이 포함된 문장에서 불온성의 감정은 기대한 행동이나 반응에서 벗어나게 되어 발생한다고 설명하고 있다. 따라서 ㉠에는 '어떤 범위나 대열 등에서 떨어져 나오거나 떨어져 나감'을 뜻하는 '이탈(離脫)'이 들어가는 것이 적절하다.
- ㉡ 출현(出現): ㉡이 포함된 문장에서 불온성은 보이지 않던 것이 예상치 못하게 나타날 때 발생한다고 설명하고 있으므로 ㉡에는 '나타나거나 또는 나타나서 보임'을 뜻하는 '출현(出現)'이 들어가는 것이 적절하다.

오답 분석

- ㉠ 박탈(剝奪): 남의 재물이나 권리, 자격 등을 빼앗음
- ㉡ 출발(出發): 1. 목적지를 향하여 나아감 2. 어떤 일을 시작함. 또는 그 시작

DAY 05

p. 32

1 ② **2** ③ **3** ④

1 주제 및 중심 내용 파악

정답 해설

② 제시문은 소비가 풍요를 약속하는 듯하지만 채울 수 없는 욕망만을 가져오며, 이러한 욕망으로 인해 아무리 소비를 해도 풍요로운 삶과 거리가 멀다고 느껴지는 것은 결국 좋은 삶을 살고 있지 못한 것이라고 주장하고 있다. 따라서 글의 주장으로 가장 적절한 것은 ②이다.

[관련 부분]

- 하지만 소비는 풍요(豐饒)를 약속하는 듯해도, 또 다른 소비로 이어지는 채워지지 않는 밑 빠진 독과도 같다.
- 이전에 비해 비싼 옷을 입고 예전에는 꿈도 꾸지 못했던 기름진 음식을 매끼 먹고 있지만, 풍요로운 삶과 거리가 멀다고 느껴진다면, 어느새 우리가 좋은 삶에서 멀어진 채 하루하루를 살고 있다는 뜻일 것이다.

오답 분석

① 2문단 2번째 줄에서 진정한 풍요의 의미를 제시하고 있지만 그것의 출발이 욕망을 비우는 것인지는 제시문을 통해 확인할 수 없다.

[관련 부분] 풍요는 좋은 삶을 누리는 사람에게만 허락된 행복이다.

③ 2문단 끝에서 1~2번째 줄을 통해 좋은 삶에서 멀어진 삶이 어떠한지 알 수 있으나, 좋은 삶을 살기 위해 올바른 소비 습관을 지녀야 하는지는 제시문을 통해 확인할 수 없다.

[관련 부분] 풍요로운 삶과 거리가 멀다고 느껴진다면, 어느새 우리가 좋은 삶에서 멀어진 채 하루하루를 살고 있다는 뜻일 것이다.

④ 제시문을 통해 확인할 수 없는 내용이므로 주장으로 적절하지 않다.

2 세부 내용 파악

정답 해설

③ 끝에서 1번째 줄을 통해 흔적 화석을 연구하면 공룡의 이동 속도를 파악할 수 있음을 알 수 있다. 따라서 글의 내용과 부합하는 것은 ③이다.

[관련 부분] 발자국의 주인공인 공룡이 얼마나 빨리 걷거나 뛰었는지 파악할 수 있다.

오답 분석

① ② ④ 제시문을 통해 알 수 없는 내용이다.

3 내용 추론

정답 해설

④ 2문단과 3문단에서 책의 4차 혁신을 통해 전자책이라는 새로운 매체가 만들어진 것처럼 이러한 혁명은 이제 시작에 불과하다고 하였으므로 책의 형태는 앞으로 더 발전할 것임을 추론할 수 있다. 따라서 독자의 반응으로 적절한 것은 ④이다.

[관련 부분]

- 전자책이라는 새로운 매체를 만들어 냈다. 이것이 바로 책의 4차 혁신이다.
- 다양하고 새로운 미디어와 결합함으로써 끊임없이 새로운 가치를 만들어 내는 새로운 미디어로 거듭나고 있다. 그 혁명은 이제 시작에 불과하다.

오답 분석

① 1문단 끝에서 1~2번째 줄을 통해 종이 책이 독자의 욕구를 반영하지 못하고 있음은 알 수 있으나 이로 인해 사람들이 독서를 멀리하는지는 알 수 없으므로 추론할 수 없다.

[관련 부분] 지식 문화에 대한 독자의 욕구는 점점 다양해지는데, 종이 책은 오히려 독자들의 욕구와 다른 방향으로 가고 있는 것이다.

② 2문단 끝에서 1~2번째 줄을 통해 전자책은 사상과 철학 그리고 정보를 영구히 저장하고 전달하기 위해 만들어졌음을 알 수 있으나 전자책 제작 비용에 대한 내용은 제시문을 통해 알 수 없으므로 추론할 수 없다.

[관련 부분] 현대 사회에서 더욱 복잡해진 사상과 철학과 정보를 영구히 저장하고 전달하기 위해 디지털 유무선 통신을 기반으로 하는 전자책이라는 새로운 매체를 만들어 냈다.

③ 3문단 1~2번째 줄을 통해 책은 소멸되지 않을 미디어임을 알 수 있으나 이를 통해 종이 책의 종류가 다양해질 것인지는 추론할 수 없다.

[관련 부분] 책은 인류 역사상 가장 먼저 등장한 미디어이며 가장 오랫동안 영향력을 행사했고 앞으로도 소멸되지 않을 미디어이다.

DAY 06

p. 34

1 ② **2** ③ **3** ②

1 세부 내용 파악

정답 해설

② 2문단 2~4번째 줄을 통해 인간 이외의 다른 동물은 한 개체가 습득한 기술과 경험을 전수할 능력이 없음을 알 수 있으므로 글에 대한 설명으로 적절하지 않은 것은 ②이다.

[관련 부분] 다른 동물은 몇 세대가 경과되더라도 일정한 기술의 한계를 넘어서기는 매우 어렵다. ~ 이것은 한 개체가 습득한 기술이나 경험을, 다른 개체에게, 또는 다음 세대에게 전수하는 힘이 거의 없기 때문이다.

오답 분석

① 1문단 2~3번째 줄을 통해 알 수 있다.
[관련 부분] 피라미드와 같은 거창한 것을 만드는 데에는 많은 사람의 동시적 협동이 필요한 것이다. 그러나 이러한 방식은, 개미의 협동과 근본적으로 다른 것은 못 된다.

③ 3문단 1~2번째 줄과 끝에서 1번째 줄을 통해 알 수 있다.
[관련 부분]
- 인류에게 말할 수 있는 천부적 자질이 부여되지 않았더라면,
- 이렇게 인간은 말을 통해서 상호 작용을 할 수 있게 되고 협동을 하게 된다.

④ 2문단 끝에서 1~3번째 줄을 통해 알 수 있다.
[관련 부분] 인류는, 한 개인이 습득한 기술이나 경험을 다른 개인에게, 또는 다음 세대에게 전수할 수 있는 힘을 가졌기 때문에, 다른 개인이나 다음 세대는, 앞 사람이 경험한 일을 토대로 해서, 여기에 새로운 기술이나 경험을 더 쌓아 올리게 되는 것이다.

2 적용하기

정답 해설

③ 제시문은 '좁은 곳을 통과하는 공기는 통로가 넓은 곳을 지나는 공기보다 속도가 빨라지고, 속도가 빨라지면 공기의 압력이 낮아져 물체를 끌어당긴다'라는 베르누이 정리에 관해 설명하고 있다. 그러나 ③은 베르누의 정리와 관련이 없으므로 글을 뒷받침하는 사례로 적절하지 않다. 참고로 높은 산 정상에서 귀가 먹먹해지는 것은 높은 곳에서 공기의 양이 줄어 기압이 낮아져 생기는 현상이다.

오답 분석

① 개울의 폭이 좁아지자 나뭇잎이 떠내려가는 속도가 빨라지는 것은 물이 지나는 폭이 좁아짐에 따라 물의 속도가 빨라진 것이므로 글을 뒷받침하는 사례로 적절하다.

② 더운 여름날 좁은 골목길에 들어서자 시원한 바람이 부는 것은 길의 폭이 좁아짐에 따라 공기의 속도가 빨라진 것이므로 글을 뒷받침하는 사례로 적절하다.

④ 빠른 속도로 지나가는 버스 옆에서 몸이 버스 쪽으로 쏠리는 현상은 버스를 스쳐 지나가는 빠른 바람으로 인해 공기의 압력이 낮아져 몸이 당겨지는 느낌이 든 것이므로 글을 뒷받침하는 사례로 적절하다.

3 글의 구조 파악

정답 해설

② (나) - (라) - (가) - (다)의 순서가 가장 자연스럽다.

순서	중심 내용	순서 판단의 단서와 근거
(나)	에너지원을 찾아 헤맨 인류	지시어나 접속어로 시작하지 않으며 '에너지원'이라는 화제를 제시함
(라)	에너지원의 예시	지시 표현 '그것이다': (나)에서 언급한 '에너지원'을 가리킴
(가)	고갈되지 않고 환경에 영향을 주지 않는 에너지는 존재하지 않음	접속어 '그러나': 앞에서 인류가 에너지원을 찾기 위해 노력했다는 내용과 반대로 꿈의 에너지는 존재하지 않음을 제시함
(다)	오늘날의 에너지 위기는 에너지원의 생산과 소비, 공급 등과 관련 있음	키워드 '에너지 위기': 꿈의 에너지가 존재하지 않는다는 (가)의 내용을 이어받아 오늘날 사회가 겪는 에너지 문제를 설명함

DAY 07

p. 36

1 ③ **2** ③ **3** ④

1 세부 내용 파악

정답 해설

③ 1문단을 통해 서양에서 과학이 발달한 이후 기술도 발달하기 시작했음은 알 수 있으나, 이는 과학과 기술 발달의 선후 관계만 알 수 있을 뿐 과학이 기술의 발달을 이끌어냈는지의 여부는 알 수 없으므로 답은 ③이다.

[관련 부분] 과학이 한참 발달한 서양에서는 18세기 말부터 기술도 크게 발달하기 시작했다. 뉴턴이 만유인력의 법칙을 발견한 것이 지금부터 3백 년 전인데, 서양에서 기술이 크게 발달하기 시작한 것이 그보다 대략 백 년 뒤,

오답 분석

① 4문단 1번째 줄을 통해 알 수 있다.
[관련 부분] 기계에 수증기의 힘을 이용하는 장치로 발명된 것이 바로 증기 기관이었고,

② 3문단 1~2번째 줄을 통해 알 수 있다.
[관련 부분] 서양에서 기술이 갑자기 발달하기 시작한 것을 역사에서는 '산업 혁명'이라 부른다. 약 2세기 전부터 먼저 영국에서 여러 가지 편리한 기계가 발명돼 나왔고,

④ 2문단 끝에서 1~3번째 줄을 통해 알 수 있다.
[관련 부분] 베틀은 상당히 복잡한 것이긴 했지만 그것 역시 한 가지 도구일 뿐 그것이 기계라고 할 수는 없다. 베틀 하나에 사람 한 명이 달려 일해야 했고 그 베틀을 움직이는 힘은 그 사람에게서 나왔기 때문이다.

2 관점과 태도 파악

정답 해설

③ 1문단 끝에서 2~3번째 줄을 통해 법 공동체의 구성원은 법 속에서 삶을 영위해야 함을 알 수 있으나, 정당한 사유가 있다면 법의 예외를 적용받는지는 제시문에서 확인할 수 없다. 따라서 글쓴이의 견해에 부합하지 않는 것은 ③이다.

[관련 부분] "너는 너의 삶을 영위해야 한다. 너는 질서 가운데서 그 삶을 영위해야 한다. 너는 법 속에서 그 삶을 영위해야 한다."

오답 분석

① 3문단 끝에서 1~2번째 줄을 통해 알 수 있다.
[관련 부분] 여러 가지 질서의 결합 형태인 사회에서는 하나의 질서가 다른 삶의 질서, 즉 통용되고 지배적인 삶의 질서와 충돌해서는 안 된다. 여기에서 통용되고 지배적인 삶의 질서가 바로 법에 해당한다.

② 1문단 1~2번째 줄을 통해 알 수 있다.
[관련 부분] 법질서는 사회적 규범 질서이다. 법은 인간 상호 간의 관계와 사회에 대한 개인의 관계에서 지켜야 할 중요한 행동 양식을 규율한다.

④ 3문단 1~2번째 줄을 통해 알 수 있다.
[관련 부분] 인간은 이러한 모든 관계의 그물 안에서 타인의 자유를 고려하여 그것이 침해되지 않는 범위 안에서 자기 자신의 자유를 누릴 수 있다.

3 논지 전개 방식

정답 해설

④ 제시문과 ④ 모두 대상에 대한 구체적인 사례를 제시하여 설명하는 '예시'의 방식이 사용되었다.
- 제시문: 1문단에서는 이상 기상의 예를 제시하여 이상 기상의 종류가 다양함을 설명하고 2문단에서는 이상 기상의 피해 사례를 제시하여 이상 기상으로 인한 피해의 심각성을 설명함
- ④: 선두의 돌고래가 초음파를 통해 다른 돌고래에게 위험 신호를 보내는 사례를 통해 돌고래가 초음파로 의사소통하는 방법을 설명함

오답 분석

① 분석: 대상을 개별적인 부분이나 성질에 따라 구성 요소별로 나누어 체계적으로 설명하는 방법

② 유추: 어떤 두 대상이 비슷한 속성을 가질 때, 한 대상에게서 나타나는 현상이 그와 유사한 다른 대상에서도 나타날 것이라고 추론하는 방법

③ 정의: '무엇은 무엇이다'와 같은 방식으로 대상을 설명하는 방법으로 대상의 본질이나 의미를 밝히는 설명 방법

비문학 지식 암기노트

비교과 유추의 차이

비교와 유추는 모두 대상의 유사성을 바탕으로 설명하는 방식이다. 하지만 비교가 둘 이상의 대상에서 공통점을 찾아 설명하는 방식이라면, 유추는 두 대상의 유사성을 바탕으로 한쪽의 특징을 다른 한쪽도 가질 것이라고 추론하는 설명 방식이다.

DAY 08

p. 39

1 ④ 2 ④ 3 ④

1 글의 전략 파악

정답 해설

④ 2문단의 끝에서 1~3번째 줄과 3문단의 1번째 줄에서 유럽이 근대 이후로 세계사의 주도권을 갖게 된 이유로 무기(총)·병균(균)·금속(쇠)를 제시하고 있으므로 적절하다.

[관련 부분]
- 인류의 탄생지인 아프리카, 과학 기술이 발달했던 중국은 왜 근대 이후 유럽에 세계사의 주도권을 빼앗겼을까? 잉카와 마야, 중국의 운명은 어떻게 달라졌을까? 이들은 왜 유럽과 충돌해서 패배했을까?
- 재레드 다이아몬드는 그 이유로 무기(총)·병균(균)·금속(쇠)이라는 세 가지 요인을 지목한다.

오답 분석

①③ 제시문에서 드러나지 않는 글쓰기 방식이므로 적절하지 않다.

② 1문단의 1~3번째 줄을 통해 《총, 균, 쇠》의 저자 재레드 다이아몬드가 겪은 일화를 제시하여 독자의 호기심을 유발하고 있음은 알 수 있으나 필자의 실제 경험은 드러나지 않는다
[관련 부분] "당신네 백인들은 그렇게 많은 화물을 발전시켜 뉴기니까지 가져왔는데 어째서 우리 흑인들은 그런 화물들을 만들지 못한 겁니까?" 뉴기니에 사는 원주민 얄리는 생태학자이자 진화 생물학자인 재레드 다이아몬드에게 이런 질문을 던진다.

2 내용 추론

정답 해설

④ 문맥상 ㉠과 ㉡에는 각각 '침투', '상실'이 들어가는 것이 적절하므로 답은 ④이다.
- ㉠: ㉠이 포함된 문장은 불안정한 요인들로 인해 가족이라는 다인 가구의 안정적인 삶이 낯설게 되었다고 설명하고 있으므로 어떤 현상의 영향을 받는다는 뜻을 나타내는 말이 들어가야 한다. 따라서 ㉠에는 '어떤 사상이나 현상, 정책 따위가 깊이 스며들어 퍼짐'을 뜻하는 '침투'가 들어가는 것이 적절하다.
- ㉡: ㉡ 앞에서 혼자 사는 사람이 점점 증가하고 있음을 제시하고 있으므로 더 이상 가족의 형태가 안정적이지 않음을 추론할 수 있다. 따라서 ㉡에는 '어떤 것이 아주 없어지거나 사라짐'을 뜻하는 '상실'이 들어가는 것이 적절하다.

3 논리적 사고

정답 해설

④ 제시문과 ④는 모두 구체적인 사례나 실험 결과를 바탕으로 결론을 도출하는 논증 방식인 '귀납 추론'을 사용하였다.
- 제시문: 같은 사람이라도 경우에 따라 성격이 달라지는 일상의 사례들을 바탕으로 선입관에 형성된 첫인상이 위험하다는 결론을 이끌어 냄
- ④: 역사 속에서 일어난 전쟁의 여러 가지 사례를 제시하여 다시는 전쟁이 발발해서는 안 된다는 결론을 이끌어 냄

오답 분석

①② 삼단 논법을 통해 일반적인 원리(대전제)에서 구체적인 주장(결론)을 이끌어내는 '연역 추론'의 논증 방식을 사용하였다.
- ①
  - 대전제: 예술은 인간의 삶을 풍요롭게 한다.
  - 소전제: 음악은 인간이 가장 쉽게 접할 수 있는 예술이다.
  - 결론: 음악을 들으면 인간의 삶은 풍요로워진다.
- ②
  - 대전제: 노동자는 안전한 환경에서 일할 권리가 있다.
  - 소전제: 환경미화원은 노동자이다.
  - 결론: 환경미화원이 안전한 환경에서 일할 수 있는 권리가 보장되어야 한다.

③ 축구 선수가 자신의 신념이 있더라도 경기 진행을 위해서는 규칙을 지켜야하는 것처럼, 개인의 가치관이 있더라도 사회의 혼란을 방지하기 위해서는 법을 지켜야 한다고 추리하는 '유비 추론'의 논증 방식을 사용하였다.

비문학 지식 암기노트

귀납 추론	구체적인 사실에서 일반적인 원리나 법칙을 이끌어내는 논증 방법 예 개는 폐가 있다. 소도 폐가 있다. 사람도 폐가 있다. 그러므로 모든 포유류는 폐를 가지고 있다.
연역 추론	일반적인 원리나 법칙을 통해 구체적인 사실을 이끌어 내는 논증 방법 예 모든 물고기는 지느러미가 있다. 참치는 물고기이다. 따라서 참치는 지느러미가 있다.
유비 추론	둘 이상의 대상이 비슷한 속성을 가졌다는 것을 근거로 다른 속성 또한 유사할 것이라고 추론하는 방법 예 돼지와 사람은 포유류로서 비슷한 속성을 지니고 있다. 이 약을 돼지에게 투여했을 때 부작용이 일어나지 않았으므로 사람에게 이 약을 투여해도 부작용은 없을 것이다.

DAY 09 p. 41

1 ④ **2** ② **3** ④

1 주제 및 중심 내용 파악

정답 해설

④ 제시문은 기존에는 동물의 노화 속도를 '대사의 법칙(크기와 수명의 관계)'으로 설명했으나, 최근에는 유전자의 관점(잡아먹힐 가능성과 수명의 관계)에서 설명하는 것이 더 설득력이 있다고 주장한다. 이를 뒷받침하기 위해 쥐, 코끼리, 사람, 새, 그리고 박쥐를 예로 들어 설명하고 있다. 따라서 글의 결론으로 가장 적절한 것은 ④이다.

[관련 부분] 진화, 즉 유전자의 관점에서 노화를 설명하는 게 좀 더 설득력이 있어 보인다. 즉 동물이 잡아먹힐 가능성이 클수록 노화 속도가 빠르다는 것이다.

오답 분석

① 1문단 2~3번째 줄을 통해 동물의 크기와 수명이 대체로 비례함을 알 수 있으나 이는 대사의 법칙과 관련된 내용이므로 글의 결론으로 적절하지 않다.

[관련 부분] 덩치와 수명이 대체로 비례하는 이유를 설명하는 가설 가운데 하나인 '대사의 법칙'은 이제 진부한 이론이라고 한다.

② 1문단 끝에서 1~3번째 줄을 통해 생쥐와 같이 작은 동물은 심장이 빨리 뛰어야 해서 수명이 짧고, 코끼리는 심장이 천천히 뛰어도 되므로 수명이 길다는 내용을 확인할 수 있으나 이는 대사의 법칙과 관련된 내용이므로 글의 결론으로 적절하지 않다.

[관련 부분] 생쥐처럼 작은 동물은 ~ 심장이 무척 빨리 뛰어야 하므로 수명이 2~3년밖에 안 되고 코끼리는 ~ 심장이 천천히 뛰어도 되기 때문에 오래 산다는 말이다.

③ 3문단 2~4번째 줄을 통해 사람은 진화를 통해 수명이 길어졌음을 확인할 수 있으나, 이는 글을 뒷받침하는 내용일 뿐 제시문의 결론은 아니므로 적절하지 않다.

[관련 부분] 사람은 중형 포유류이지만 ~ 수천만 년에 걸쳐(영장류, 유인원, 인류의 단계로 넘어가며) 수명이 점점 길어지게 진화한 것으로 보인다.

2 세부 내용 파악

정답 해설

② 3문단 1~2번째 줄을 통해 『삼국사기』가 『삼국유사』보다 먼저 쓰였음은 알 수 있으나, 『삼국유사』가 『삼국사기』의 내용을 재구성하여 집필된 것인지는 확인할 수 없으므로 적절하지 않다.

[관련 부분] 우리나라의 경우 김부식이 고려 인종 53년(1145년)에 『삼국사기(三國史記)』를 편찬하고 그로부터 150년 뒤에 일연이 『삼국유사(三國遺事)』를 집필했다.

오답 분석

① 1문단 3번째 줄을 통해 개별적 사실들은 스토리텔링의 메시지와 의미를 좌우하지 않을 뿐 이야기 요소에는 해당하므로 스토리텔링을 형성하는 요소라는 설명은 적절하다.

[관련 부분] 스토리텔링의 메시지와 의미를 좌우하는 것은 이야기 요소로서의 개별적 사실들이 아니라 플롯이다.

③ 3문단 끝에서 1~2번째 줄을 통해 서구에서는 허구 서사인 문학이 사실 서사인 역사보다 보편적 진실을 대변한다고 여겼음을 알 수 있으므로 적절한 설명이다.

[관련 부분] 서구 서사 전통에서는 허구 서사인 문학이 사실 서사인 역사보다 보편적 진실을 대변하는 것으로 여겨졌지만

④ 1문단 끝에서 1~3번째 줄을 통해 확인할 수 있는 내용이다.

[관련 부분] 그 자체로 카오스인 과거 사실들에 질서를 부여하여 의미 있는 이야기를 만들어내는 것이 플롯이기 때문에, 작가는 항상 어떻게 하면 플롯 구성을 잘 할 수 있는가를 놓고 고심한다.

3 적용하기

정답 해설

④ ㉠ '젠트리피케이션'은 지역 경제가 활성화되어 집값이나 임대료 등이 올라 지역의 원주민들이 동네를 떠나는 현상을 말한다. 따라서 ㉠에 해당하는 사례로 가장 적절한 것은 드라마 촬영지로 소개된 D 지역의 카페로 인해 상권이 형성되자 대형 프랜차이즈가 들어오고 임대료가 폭등해 동네의 구멍가게가 사라진 ④이다.

오답 분석

① 쫓겨날 원주민이 없는 불모지였던 지역을 국가가 주거 단지로 개발하여 땅값이 크게 오른 것이므로 ㉠에 해당하는 사례로 적절하지 않다.

② 주택 소유자들이 자신들이 살고 있는 동네를 개발함으로써 집값을 크게 올려 이익을 얻은 것이므로 ㉠에 해당하는 사례로 적절하지 않다.

③ 건물 임대료가 상승하여 지역 골목 상권이 몰락할 위기에 봉착했으나 정부가 규제하여 지역 주민들을 보호하였으므로 ㉠을 해결한 사례이다. 따라서 ㉠에 해당하는 사례로 적절하지 않다.

DAY 10 p. 44

1 ① **2** ② **3** ②

1 세부 내용 파악

정답 해설

① 4문단을 통해 몽유도원도에는 안평대군 주위의 신하들의 찬시가 함께 실려 있어 안평대군과 그 신하들 간의 관계를 알아볼 수 있는 사료로서도 큰 의미를 가짐을 알 수 있으므로, ①은 글의 내용과 일치한다.

[관련 부분] 안평대군 주위에 있던 박팽년, 최항, 신숙주 등 당시의 쟁쟁한 인물 21인이 자필로 쓴 찬시도 함께 실려 있다. 이런 점 때문에 「몽유도원도」는 ~ 당시 안평대군을 둘러싼 중신들과의 관계를 알아볼 수 있는 사료로서도 큰 의미를 가진다고 할 수 있다.

오답 분석

② 3문단 1~2번째 줄에서 몽유도원도는 안평대군이 꿈에서 본 바를 듣고 안견이 그린 것이라고 설명하므로 글의 내용과 일치하지 않는다.

[관련 부분] 「몽유도원도」는 안평대군이 세종 29년 1447년 어느 날 꿈속에서 무릉도원(武陵桃源)을 여행하고 거기서 본 바를 안견에게 설명해 주고 그림으로 그리게 한 것인데,

③ 5문단을 통해 「몽유도원도」에는 제목과 함께 여섯 행의 붉은 글씨가 쓰여 있음을 확인할 수 있으나, 제목이 붉은색으로 쓰여 있는 것은 아니므로 글의 내용과 일치하지 않는다.

[관련 부분] 두루마리 안쪽에는 첫머리에 '몽유도원도'라고 쓰여진 제첨(題簽), 제목이 붙어 있고, 그다음에는 ~ 여섯 행의 붉은 글씨가 쓰여 있다.

④ 2문단 끝에서 1~2번째 줄을 통해 몽유도원도는 1900년 이전에 일본에 건너갔다는 정보가 확인됨을 알 수 있으므로 글의 내용과 일치하지 않는다.

[관련 부분] 「몽유도원도」는 적어도 1900년 이전에 일본에 건너갔다는 정보가 확인되고 있다.

2 내용 추론

정답 해설

② 제시문은 정부는 군비 부담을 줄이고 충분한 물자를 공급하여 전투력을 향상시키기 위해 식량 가격을 통제했으나, 이러한 정부의 규제에 불만을 품은 농부들이 식량을 내놓지 않거나 비싼 값으로 적군에게 판매하여 ㉠'밸리 포지 전투'에서 패배했음을 설명하고 있다. 이를 미루어 보아 경제 주체들은 정부의 규제보다 자신의 이해관계에 따라 움직이는 경향을 보임을 추론할 수 있으므로 ㉠'밸리 포지 전투'가 주는 시사점으로 적절한 것은 ②이다.

오답 분석

① 3문단에서 ㉠'밸리 포지 전투'가 패배한 뒤 정부의 가격 통제는 효과가 없으므로 앞으로 유사한 법령을 제정하지 말 것을 결의했음을 알 수 있다. 이를 미루어 보아 시장의 흐름과 상관없이 정부가 시장에 개입하는 것은 적절하지 않음을 추론할 수 있으므로 ㉠에 대한 시사점으로 적절하지 않다.

③ 제시문은 ㉠'밸리포지 전투'라는 특수한 상황에서 시행된 정부의 경제 정책이 효과적이지 못했음을 보여주고 있으나, 이를 통해 특수한 상황에서 행해지는 정부의 정책이 모두 효과적이지 못함을 추론하기는 어렵다.

④ 제시문을 통해 추론할 수 없는 내용이다.

3 글의 구조 파악

정답 해설

② ㉠~㉢에 들어갈 접속어는 순서대로 '그런데 - 그리고 - 따라서'이므로 답은 ②이다.

- ㉠: ㉠의 앞에서 노자 철학을 '무위자연'이라고 생각하는 일반적인 견해에 대해 제시하고, ㉠의 뒤에서 '무위자연'에 대한 잘못된 해석에 대해 언급하고 있으므로 ㉠에는 화제를 앞의 내용과 관련시키면서 다른 방향으로 이끌어 나갈 때 쓰는 접속어인 '그런데'가 들어가는 것이 적절하다.
- ㉡: ㉡의 앞에서 무위자연에 대한 의미와 함께, '무위'가 '인위'의 반대 개념임을 제시하고, ㉡의 뒤에서는 '인위'의 의미를 설명하고 있으므로 ㉡에는 앞의 내용을 이어받아 병렬적으로 연결할 때 쓰는 접속어인 '그리고'가 들어가는 것이 적절하다.
- ㉢: ㉢의 앞에서 '무위'와 반대 개념인 '인위'의 의미를 설명하고, ㉢의 뒤에서 노자가 말한 '무위'의 정확한 의미를 제시하고 있으므로 ㉢에는 앞에서 말한 일이 뒤에서 말할 일의 근거가 됨을 나타내는 접속어인 '따라서'가 들어가는 것이 적절하다.

DAY 11

p. 46

1 ③ **2** ④ **3** ③

1 세부 내용 파악

정답 해설

③ 7문단 1~3번째 줄을 통해 오픈프라이스가 도입되었지만 소매점들은 스스로 가격을 정하지 못하고 제조업체가 아닌 거래하는 납품 업체가 제시하는 가격을 따르게 되는 경우가 있음을 알 수 있다. 따라서 글을 이해한 내용으로 적절하지 않은 것은 ③이다.

[관련 부분] 소매점들은 스스로 가격을 정할 수 있음에도 현실적으로 그렇게 하지 못한다. 많은 경우 거래하는 납품 업체에서 제시하는 가격을 따를 수밖에 없다.

오답 분석

① 4문단 2~3번째 줄을 통해 오픈프라이스로 인해 판매점별로 가격에 차이가 생겼음을 확인할 수 있으므로 적절하다.

[관련 부분] 대형 마트와 편의점, 골목 상점 등 판매점별로 크게는 3배나 가격 차를 보였다.

② 1문단 끝에서 1~2번째 줄에서 오픈프라이스는 1999년에 처음 도입되었고, 2010년 7월부터 과자와 라면, 아이스크림과 같은 품목에도 적용됐다고 설명하고 있으므로 오픈프라이스가 처음 도입되었을 때 일부 품목에만 적용되었음을 알 수 있다.

[관련 부분] 1999년에 처음으로 도입됐고, 2010년 7월부터는 과자와 라면, 아이스크림과 같은 빙과류에도 적용됐다.

④ 3문단을 통해 오픈프라이스를 적용할 품목을 확대해서 시행하자 동네 슈퍼나 영세 업체에서 가격을 표시하지 않는 경우가 있었음을 확인할 수 있으므로 적절하다.

[관련 부분] 제도를 확대해서 시행하자 빙과와 아이스크림, 과자류와 같은 유명 인기 상품의 ~ 더욱이 동네 슈퍼나 영세 업체들이 판매가를 표시하지 않는 곳이 많아

2 내용 추론

정답 해설

④ 2문단 끝에서 1~2번째 줄과 3문단 1~3번째 줄을 통해 음악이 점점 복잡해짐에 따라 순정률이 작곡가들에게 장애물로 여겨졌고, 이를 해결하기 위해 평균율이 고안되었음을 알 수 있다. 따라서 복잡한 음악을 작곡하기 위해 평균율이 등장했다는 추론은 적절하다.

[관련 부분]

- 음악이 점점 복잡해지면서 순정률은 점점 더 작곡가들의 발목을 잡는 장애물이 되어 갔다.
- 오랫동안 이 문제로 골치를 썩던 음악가와 작곡가들은 ~ 그래서 고안해 낸 것이 평균율이다.

오답 분석

① 4문단 끝에서 1~2번째 줄을 통해 평균율이 자유로운 조바꿈을 할 수 있는 장점이 있어 서양 음악에서 보편적으로 쓰이고 있음은 확인할 수 있으나, 이를 통해 모든 서양 음악에 조바꿈이 나타나는지는 추론할 수 없다.

[관련 부분] 자유로운 조바꿈과 조옮김은 물론 화음 진행을 원활하게 한다는 장점이 있어 지금까지 서양 음악에서 보편적으로 쓰이고 있다.

② 1문단 끝에서 1~2번째 줄을 통해 음높이를 고정시킨 피아노에 순정률이 쓰일 경우 온음의 폭이 고르지 않고 조바꿈이 곤란하다는 문제점이 있음을 확인할 수 있으나, 이를 통해 피아노 악보에는 순정률이 쓰이지 않는지 추론할 수 없다.

[관련 부분] 음높이를 고정시킨 악기, 말하자면 피아노나 관악기 같은 경우 온음의 폭이 고르지 않고 조바꿈이 곤란하다는 문제점이 있다.

③ 4문단 1번째 줄을 통해 완전 8도일 때는 평균율에서도 협화음이 나타남을 알 수 있으므로 평균율에서 진행되는 화음은 조화롭지 못하다는 추론은 적절하지 않다.

[관련 부분] 평균율에서는 완전 8도를 제외한 어떤 음정도 완전한 협화음이 되지 않기 때문에

3 논지 전개 방식

정답 해설

③ 제시문과 ③에는 모두 어떤 현상이나 사물을 직접 설명하지 않고 다른 비슷한 현상이나 사물에 빗대어서 설명하는 '비유'가 사용되었다.

- 제시문: 바이러스 입자 표면에 튀어나온 단백질의 모습을 '왕관'에 빗대어 표현하여 '코로나바이러스'라는 이름을 붙이게 된 이유를 설명하고 있다.
- ③: '흑단'과 '학교 교실의 칠판'에 빗대어 이젤의 그림판을 설명하고 있다.

오답 분석

① '대조'와 '인과'의 설명 방식이 사용되었다.

- 대조: 고대 이집트의 경제와 군사력의 위상에 대한 차이점을 설명하고 있다.
- 인과: 이집트의 지형(원인)으로 인해 군사력이 좋지 못함(결과)을 설명하고 있다.

② 인용: 프랑스의 사회학자의 말을 빌려 우리에게 감정이 중요해진 시기에 대해 설명하고 있다.

④ '열거'와 '예시'의 설명 방식이 사용되었다.

- 열거: 우리 생활에서 확인할 수 있는 과학 기술의 결과물들을 늘어놓으며 설명하고 있다.
- 예시: 구체적인 사례를 들어 우리 생활 깊숙이 과학 기술이 영향을 끼치고 있음을 드러내고 있다.

DAY 12

p. 48

1 ① **2** ③ **3** ③

1 세부 내용 파악

정답 해설

① 2문단 2~3번째 줄을 통해 후추는 비싼 수입품이었기 때문에 귀족 계층에서만 주로 사용하고, 서민들은 음식에 사용하기 어려웠음을 확인할 수 있다. 따라서 글의 내용과 부합하는 것은 ①이다.

[관련 부분] 고려 시대의 귀족 계층에서는 중국을 통해 들어오는 후추를 쓰기도 했다. 하지만 이 비싼 수입품은 서민들 음식에 쓰기에는 너무 귀한 재료였을 것이다.

오답 분석

② 3문단 2~3번째 줄을 통해 소금으로 인한 김치의 쓴맛을 없애기 위해 소금 대신 젓갈을 넣기 시작한 것일 뿐 아미노산 맛을 위해 젓갈을 넣은 것은 아니므로 글의 내용과 부합하지 않는다.

[관련 부분] 소금만으로 이렇게 짜게 한다면 김치는 거의 쓴맛이 날지도 모른다. 이 단점을 메우려고 18세기 후반부터는 김치에 젓갈을 넣게 된다.

③ 2문단 1~2번째 줄과 3문단 끝에서 1~3번째 줄을 통해 고춧가루가 우리나라에 도입되기 이전에 고춧가루 대신 초피 가루를 사용했음을 확인할 수 있으나, 고춧가루보다 더 매운 맛을 위해 초피 가루를 사용한 것인지는 제시문을 통해 확인할 수 없다.

[관련 부분]

- 고춧가루 이전의 시대에는 산초 가루나 초피 가루같이 매운맛을 내는 다른 재료를 찾아 썼다.
- 젓갈을 쓰고 나서는 그 비릿함을 없애려고 산초나 초피의 매운맛을 사용했던 것이고, 고추가 들어온 뒤로는 더 쉽게 재배할 수 있는 고춧가루로 대체되었다고 봐야 할 것이다.

④ 1문단 1~2번째 줄을 통해 고춧가루는 신대륙에서 생산된 것으로, 우리나라에는 임진왜란 이후 일본에서 도입되었음을 확인할 수 있으므로 글의 내용과 부합하지 않는다.

[관련 부분] 고춧가루는 신대륙의 산물이다. 우리나라에는 임진왜란 이후에 일본에서 도입되었다는 것이 정설이다.

2 내용 추론

정답 해설

③ 1문단 2~3번째 줄을 통해 고대의 시인들이 사회에 영향력이 있었음을 추론할 수 있다. 그러나 이러한 영향력을 이용해 사회를 장악하려고 했는지는 추론할 수 없으므로 적절하지 않다.

[관련 부분] 고대의 시인들은 종교나 정치의 영역에서 중요한 위치에 있었고, 사회를 하나로 통합시키는 데 기여했다.

오답 분석

① 1문단 끝에서 1번째 줄의 고대 시가의 기능은 표현 형식이 달라졌을 뿐 현대에도 동일하다는 내용을 통해 현대의 시에서도 고대 시가의 기능을 확인할 수 있음을 추론할 수 있다.

[관련 부분] 시의 이런 기능은 현대라고 해서 달라진 것이 아니고 다만 그 표현 형식이 달라졌을 뿐이다.

② 1문단 끝에서 1~3번째 줄에서 고대의 시인들이 부르는 노래에는 전쟁의 역사, 권력에 대한 비판과 무상감, 신에 대한 찬양의 내용이 담겨 있었으므로 왕들은 시인을 죽이거나 시인의 노래에 귀를 기울였음을 설명하고 있다. 이를 미루어 보아 고대의 왕들은 고대 시가 속에 담긴 이야기를 경계했을 것임을 추론할 수 있다.

[관련 부분] 시인들은 또한 전쟁의 역사를 노래하고, 권력을 비판하고, 그 무상함을 노래하고 신들을 찬양했다. 그렇기 때문에 포악한 왕은 시인들을 죽였고, 반대로 훌륭한 왕은 시인들의 노래에 귀를 기울였다.

④ 2문단 2~5번째 줄을 통해 현대의 시인들은 현실과 거리를 두고 시 자체의 아름다움에 몰두하는 태도를 보이며 현실과는 다른 세계를 상상하여 창조함을 알 수 있다. 이를 미루어 보아 현대의 시인들은 상상 속의 세계를 작품 속에 아름답게 그리고자 할 것임을 추론할 수 있다.

[관련 부분] 시 자체의 아름다움, 그러니까 현실에 대해 일정한 거리를 두고 바라보는, 혹은 현실과 다른 또 하나의 세계를 창조하는 일에 몰두한다. 이렇게 현실과 거리를 두고 시 자체를 사랑하는 태도가 현실과 다른 시의 공간을 낳고, 이런 공간은 ~ 상상력이 낳는다.

3 관점과 태도 파악

정답 해설

③ 필자는 정의로움에 대한 판단과 연관된 감정은 정의를 다룰 때 필수적인 요소라고 주장하며, 이를 설명하기 위해 취업 청탁 문제를 사례로 들어 불공정하다고 판단한 문제에 대해 분노의 감정을 나타낸다면 개선될 여지가 있으나 나타내지 않는다면 문제는 지속될 수밖에 없음을 설명하고 있다. 따라서 글쓴이의 입장에 부합하는 것은 ③이다.

오답 분석

① 1문단 4~5번째 줄을 통해 불공정함에 대해 분노가 일어나는 경우를 언급하고 있으나, 분노가 자연스러운 현상이라고 하지는 않았으므로 글쓴이의 입장에 부합하지 않는다.

[관련 부분] 불공정한 기준으로 취업이 이루어졌다고 하면 그 문제와 별다른 관계가 없는 많은 사람들까지 함께 분노한다.

② 제시문에서 확인할 수 없는 내용이다.

④ 1문단에서 필자는 정의에 대한 판단과 관련된 감정은 정의 이론의 내용은 아니지만 정의로운 사회로 거듭나기 위해 반드시 필요한 것이라고 설명한다. 그러나 정의 이론에서 분노의 감정을 다루는 것이 필요하다고 주장하고 있지는 않으므로 글쓴이의 입장에 부합하지 않는다.

DAY 13 p. 50

1 ④ **2** ③ **3** ④

1 세부 내용 파악

정답 해설

④ 1문단 끝에서 1~2번째 줄을 통해 한 사람의 삶을 평가함에 있어 그 사람의 자질과 능력뿐만 아니라 시대적 상황도 고려해야 함을 알 수 있다.

[관련 부분] 한 인간의 삶을 평가함에 있어 어떤 시대를 타고 나느냐도 그 사람의 자질이나 능력 못지않게 중요한 요인이 된다.

오답 분석

① 제시문을 통해 알 수 없는 내용이다.

② 2문단 1번째 줄을 통해 시대가 돕지 않는다고 해서 포기하고 좌절하는 것은 바람직하지 않은 삶의 자세라고 하였으므로 적절하지 않다.

[관련 부분] 시대가 돕지 않는다고 해서 포기하거나 좌절하는 것 또한 바른 삶의 자세가 아니다.

③ 3문단 1~2번째 줄을 통해 난세에 발휘되는 리더십이 더욱 값진 경우도 있음을 알 수 있으나, 언제나 난세의 리더십이 성세의 리더십보다 가치 있는지는 알 수 없으므로 적절하지 않다.

[관련 부분] 어떤 면에서는 난세에 발휘되는 리더십이 더욱 값질 수 있다.

2 내용 추론

정답 해설

③ 괄호 앞에서 지구형 행성들은 강력한 태양풍으로 인해 녹는점과 밀도가 높은 물질만 형성될 수 있었음을 설명하고 괄호 뒤에서는 지구형 행성들과 반대로 목성형 행성들은 태양풍의 영향을 적게 받아 기체를 많이 가지게 되었음을 설명하고 있다. 따라서 괄호 안에 들어갈 내용으로 가장 적절한 것은 녹는점과 밀도가 높고 기체와 반대되는 성질을 언급한 ③ '암석과 금속이 풍부해졌다'이다.

[관련 부분] 태양과 가까이 있는 만큼 물이나 메탄이 응축될 수도 없을 정도로 온도도 매우 높아서, 녹는 점과 밀도가 높은 물질만 형성될 수 있었다.

오답 분석

①④ 제시문에 언급되지 않은 내용이므로 괄호 안에 들어갈 내용으로 적절하지 않다.

② 1문단 끝에서 2번째 줄을 통해 지구형 행성은 태양과 가까워 물이나 기체인 메탄이 응축될 수 없을 정도로 온도가 매우 높았음을 알 수 있으므로 물과 산소가 존재할 수 없었을 것임을 추론할 수 있다. 따라서 ②는 괄호 안에 들어갈 내용으로 적절하지 않다.

[관련 부분] 태양과 가까이 있는 만큼 물이나 메탄이 응축될 수도 없을 정도로 온도도 매우 높아서,

3 논지 전개 방식

정답 해설

④ 밑줄 친 부분은 산 정상의 기도 대상이 하늘이었기 때문에(원인) 여러 기도 장소 중 산 정상이 가장 권위 있고 온 나라와 민족의 발원을 모으는 장소가 되었음(결과)을 밝히고 있다. 따라서 답은 ④ '인과'이다.

- 인과: 어떤 결과를 불러일으키는 원인을 분석하거나 어떤 원인에 의해 초래된 현상을 분석하는 설명 방법

오답 분석

① 인용: 남의 말이나 글 또는 고사·격언 등에서 필요한 부분을 가져와 설명하는 방법

② 구분: 유사한 특성을 지닌 대상을 일정한 기준으로 나누어 큰 항목을 작은 항목들로 나누어 설명하는 방법

③ 묘사: 대상을 그림 그리듯이 구체적이고 생생하게 진술하는 방법

비문학 지식 암기노트

분류와 구분의 차이

분류와 구분은 모두 어떤 대상이나 생각들을 비슷한 특성에 따라 나누어 진술하는 방식이다. 하지만 '분류'는 하위 항목을 상위 항목으로 묶어 나가는 것이며, '구분'은 상위 항목을 하위 항목으로 나누는 방식이라는 차이가 있다.

- 분류 예 사자와 호랑이는 포유류이고 악어와 거북이는 파충류에 속한 동물이다.
- 구분 예 우리 문학의 운문 갈래에는 고대 가요, 향가, 고려 가요, 시조 등이 있다.

DAY 14

p. 52

1 ③ **2** ④ **3** ④

1 관점과 태도 파악

정답 해설

③ 2문단 1~3번째 줄을 통해 쇼펜하우어는 사는 것을 고통으로 여기는 염세주의 철학자로, 고통의 원인과 고통에서 벗어날 수 있는 방안을 연구하여 그의 저서를 통해 밝혔음을 알 수 있다. 따라서 쇼펜하우어는 고통을 극복 가능한 것으로 보았음을 알 수 있으므로 ③은 쇼펜하우어의 견해에 부합하지 않는다.

[관련 부분] 그는 '사는 게 고통'이라고 보면서, 고통의 원인과 고통에서 벗어날 수 있는 길을 구명하려고 했다. 이러한 구명의 결과를 그의 대표작 『의지와 표상으로서의 세계(Die Welt als Wille und Vorstellung)』에 집대성해 놓았다.

오답 분석

① 4문단 1번째 줄과 5문단 1~2번째 줄을 통해 알 수 있다.

[관련 부분]

- 쇼펜하우어는 설령 모든 일이 뜻대로 이루어져도 인생은 고통이라고 본다.
- 넘쳐 나는 부 때문에 아무런 걱정도 없을 것 같은 사람들은 권태에 시달린다.

② 5문단 1번째 줄과 끝에서 1번째 줄을 통해 알 수 있다.

[관련 부분] 평범한 사람들이 충족되지 않는 욕망에 시달린다면, ~ 누구에게나 사는 건 고통이기 때문이다.

④ 1문단 2~3번째 줄을 통해 알 수 있다.

[관련 부분] 염세주의는 세상을 악과 고통이 지배하는 곳으로 보면서 부정하는 철학적 입장을 가리킨다.

2 세부 내용 파악

정답 해설

④ 5~6번째 줄을 통해 페이저가 요즘은 거의 사용되지 않는 모바일 미디어임을 알 수 있다. 따라서 글의 내용으로 적절하지 않은 것은 ④이다.

[관련 부분] 요즘은 거의 사용되지 않지만, 우리나라에서는 초창기에 자동차 전화나 페이저(일명 '삐삐')와 같은 모바일 미디어에 의한 통신을

오답 분석

① 3번째 줄을 통해 알 수 있다.

[관련 부분] 일반적으로 이동형 기기(mobile device)라 하면 로봇같이 자율적으로 움직이지는 못하지만

② 2~3번째 줄을 통해 알 수 있다.

[관련 부분] 이것은 공간적으로는 물론이고 시간적으로 움직일 수 있음을 의미하는 것이다.

③ 끝에서 1~3번째 줄을 통해 알 수 있다.

[관련 부분] PDA, 핸드헬드 게임기처럼 기기 자체가 고정물에 고착되어 있지 않는 경우로서, 이런 기기를 이용하려면 이동 중에 일단 멈추어서 기기에 주목하거나 몰입해야 한다.

3 글의 구조 파악

정답 해설

④ ㉣ 앞에서 세월이 흘러도 선명하게 기억되는 명장면의 배경에는 위대한 영화 음악이 있음을 설명하고 있다. 따라서 영화의 어떤 장면도 음악이 없다면 영원히 기억되는 명장면이 될 수 없음을 강조하는 <보기>의 문장이 들어가기에 가장 적절한 곳은 ④이다.

DAY 15

p. 54

1 ① **2** ④ **3** ①

1 세부 내용 파악

정답 해설

① 1문단 1~2번째 줄을 통해 벼의 뿌리에는 통기 조직이 있음을 알 수 있으나, 뿌리의 통기 조직에 포도당을 저장하는지의 여부는 제시문을 통해 알 수 없다.

[관련 부분] 벼는 뿌리에 통기 조직(aerenchyma)이라는, 기체로 채워진 공간이 잘 발달해 있다. 물 위에 노출된 줄기와 잎에 존재하는 산소가 통기 조직을 통해 뿌리로 확산하므로 논에서도 별 탈 없이 잘 자란다.

오답 분석

② 2문단 1~2번째 줄을 통해 알 수 있다.

[관련 부분] 침수로 광합성을 못하면 포도당이 만들어지지 않지만 한동안 버틸 수 있다. 식물체에 저장해 둔 녹말을 포도당으로 분해해 쓰면 되기 때문이다.

③ 3문단 1~3번째 줄을 통해 알 수 있다.

[관련 부분] 산소가 없어 미토콘드리아가 무용지물이 돼 피루브산 농도가 올라가면 ~ 에탄올로 바꿔주는 효소가 늘어난다. 이 과정에는 산소가 필요하지 않기 때문에 발효라고 부른다. 식물은 에탄올 발효 경로를 통해 포도당 한 분자에서 ATP 세 분자를 얻을 수 있다.

④ 2문단 끝에서 1~3번째 줄을 통해 알 수 있다.

[관련 부분] 침수로 산소 공급이 끊기면 미토콘드리아가 연료인 피루브산을 태울 수 없어 작동이 멈춘다. ~ 식물은 이를 대신할 비책을 마련해 뒀다. 바로 에탄올 발효 경로를 켜는 것이다.

2 내용 추론

정답 해설

④ 1문단에서 희소성으로 인한 갈등이 인간의 발전의 계기가 되었음을 설명하고, 2문단에서는 인간이 희소성의 문제를 극복하기 위해 농업 혁명, 산업 혁명, 정보 혁명, 지식 혁명을 일으켰음을 설명하고 있다. 이를 미루어 보아 ㉠에 들어갈 내용으로 가장 적절한 것은 ④'문명 탄생의 궁극적 계기이며, 문명 발달의 원동력이라 할 수 있다'이다.

[관련 부분]

- 희소성 문제는 ~ 장기적으로는 그 갈등을 해결하고야 말겠다는 강렬한 욕구가 불행을 발전의 씨앗으로 승화시켰다. 그것이 오늘날까지 발전을 거듭하고 있는 인간의 삶의 모습이다.
- 그리하여 일어난 것이 바로 농업 혁명이다. 그 후 인간은 의류와 같은 물적 자원에 희소성을 느꼈고, 그로 인해 산업 혁명이 일어났다. 지금 우리 시대에는 정보와 지식에 대한 욕구가 분출하고 있다. 이것은 바로 정보 혁명과 지식 혁명을 탄생시켰다.

오답 분석

① 1문단 1~2번째 줄을 통해 희소성이 인간의 욕망에서 비롯되었음은 알 수 있으나, 패권주의에 관한 내용은 제시문에 나타나 있지 않으므로 ㉠에 들어갈 내용으로 적절하지 않다.

[관련 부분] 인간의 끝없는 욕망과 제한된 자원 사이에서 생기는 갈등은 이것을 극복하기 위한 인류의 노력으로 결집되어 나타났다. 희소성 문제는

② 1문단 끝에서 1~2번째 줄을 통해 희소성으로 인한 갈등을 해결하려는 인류의 욕구가 불행을 발전의 씨앗으로 승화시켰음을 알 수 있다. 따라서 ②는 제시문과 반대되는 내용이므로 ㉠에 들어갈 내용으로 적절하지 않다.

[관련 부분] 장기적으로는 그 갈등을 해결하고야 말겠다는 강렬한 욕구가 불행을 발전의 씨앗으로 승화시켰다. 그것이 오늘날까지 발전을 거듭하고 있는 인간의 삶의 모습이다.

③ 제시문에 언급되지 않은 내용이므로 이어질 내용으로 보기 어렵다.

3 글의 전략 파악

정답 해설

① 끝에서 1~3번째 줄을 통해 미래의 상황을 가정하고 있음은 알 수 있으나, 인류의 발전 가능성을 밝히는 부분은 드러나지 않는다.

[관련 부분] 미래 사회는 개체의 유전적 결함을 제거하는 데 막대한 비용을 쏟게 되겠지만, 그러나 잊지 말지어다, 인간의 위대성은 어떤 완전성의 결과이기보다는 오히려 결함의 결과라는 사실을.

오답 분석

② 1번째 줄을 통해 알 수 있다.

[관련 부분] 한 소년이 자라 어른이 되기까지에는 어떤 힘들이 작용하는 것일까?

③ 1~5번째 줄을 통해 알 수 있다.

[관련 부분] 현대 생물학은 유전자가 개체 성장의 비밀을 쥐고 있다고 말하거나 적어도 그렇게 말하고 싶어 한다. 글쎄 그럴까? 인간의 성장이 유전 정보만으로 결정되는 것이라면 성장은 드라마가 아니라 이미 결정돼 있는 것의 운명적 전개에 불과하다. ~ 인생이 생물학적 운명의 단순 전개가 아니라 그 운명과의 싸움이라는 것을 잘 보여준다.

④ 끝에서 3~5번째 줄을 통해 알 수 있다.

[관련 부분] 탁월한 인생을 전개한 개인들의 삶은 인생이 생물학적 운명의 단순 전개가 아니라 그 운명과의 싸움이라는 것을 잘 보여준다. 유전적 결함과의 싸움이 아니었다면 베토벤, 도스토옙스키, 니체, 헬렌 켈러는 없었을 것이고 인간 창조성의 보물 창고는 한없이 초라해졌을 것이다.

DAY 16 p. 56

1 ① **2** ④ **3** ③

1 내용 추론

정답 해설

① 2문단을 통해 레실리언스란 단기간에 고통과 슬픔에서 벗어나 마음이 정상적인 상태로 돌아가는 것임을 알 수 있다. 따라서 만약 레실리언스가 없다면 슬픔을 쉽게 극복하지 못할 것임을 추론할 수 있다.

오답 분석

② 3문단 1~3번째 줄에서 정서 반응 연구가 진행되기 전인 1990년대 초 당시 일반적인 통념은 가까운 친구, 가족이 죽으면 마음에 지울 수 없는 상처가 남는 것이라고 하였으므로 ②의 반응은 적절하지 않다.
[관련 부분] 1990년대 초부터 ~ 그 당시 일반적인 통념은 가까운 친구나 가족이 죽게 되면 마음에 지울 수 없는 상처가 남는다는 것이었다.

③ 제시문에 언급되지 않은 내용이므로 추론할 수 없다.

④ 3문단 끝에서 1~2번째 줄에서 슬픔을 극복하는 능력, 즉 레실리언스는 교육에 의해 발현되는 것이 아니라고 하였으므로 ④의 반응은 적절하지 않다.
[관련 부분] 슬픔을 극복하는 능력은 유전자가 특별하거나 교육을 받은 사람들만이 보여 주는 특성이 아닌 것으로 판명된 셈이다.

2 관점과 태도 파악

정답 해설

④ 2문단을 통해 새로운 과학 기술이 환경 오염의 가능성을 줄일 수 있음을 제시하고 있다. 따라서 글쓴이의 입장에 부합하는 것은 ④이다.
[관련 부분]
- 과학 발전은 우리의 생활을 더욱 윤택하게 하면서도 환경 오염 물질의 배출은 점점 더 저감시키는 그런 기술들을 현실화하고 있다.
- 교통 분야에서는 ~ 유해성 오염 물질들에 대해서 이제는 청정 처리가 가능해졌다. ~ 정보 통신 기술이 비약적으로 발전하면서 ~ 에너지가 크게 절약되고 있는바, 이런 현상들도 환경 보전에 커다란 기여를 하는 것은 물론이다.

오답 분석

①③ 제시문을 통해 알 수 없는 내용이다.

② 1문단 1~2번째 줄과 1문단 끝에서 1~2번째 줄을 통해 오늘날 선진국은 자원을 채취해 제품을 생산하는 단순 경제 활동에서 벗어나 환경 오염의 가능성을 낮추는 전략을 채택하고 있음을 알 수 있으므로 글쓴이의 입장에 부합하지 않는다.
[관련 부분]
- 선진국들은 자연에서 자원을 채취해서 제품을 생산, 제공하는 단순한 경제 활동에서 벗어나서
- 환경 오염의 가능성은 크게 낮추는 대신 상품과 서비스의 부가 가치는 더 높이는 전략을 채택하고 있는 것이다.

3 세부 내용 파악

정답 해설

③ 끝에서 2~4번째 줄을 통해 공동체의 토대가 없을 경우 개인들에게 행정 기구는 두려운 존재가 됨을 알 수 있다. 따라서 글의 내용과 일치하는 것은 ③이다.
[관련 정보] 그러한 공동체의 토대가 없는 상황에서 뿔뿔이 흩어져 있는 개인들에게 행정 기구는 낯설고 때로는 두려운 존재로 다가올 수밖에 없는 것이다.

오답 분석

① 제시문에 드러나지 않은 내용이다.

② 끝에서 1~2번째 줄을 통해 관료제라는 거대한 시스템으로 인해 개개인이 소외된다고 하였으므로 글의 내용과 일치하지 않는다.
[관련 부분] 다른 한편으로 시민들의 삶 자체가 파편화되는 것도 거대한 시스템으로 개개인이 소외되는 맥락으로 짚어야 할 것이다.

④ 2~5번째 줄을 통해 관료제의 시스템이 전문화될수록 시민들이 행정에 의견을 개진하고 참여하는 것이 힘들어짐을 알 수 있으므로 글의 내용과 일치하지 않는다.
[관련 부분] 관료제의 발전을 이야기한 바 있지만, ~ 그리고 전문적인 기능들로 분화하면서 추상화되어 간다. 그 결과 시민들의 입장에서 ~ 행정에 의견을 개진하고 참여하는 것은 더욱 힘들어진다.

DAY 17 p. 58

1 ② **2** ④ **3** ④

1 세부 내용 파악

정답 해설

② 1문단 끝에서 2~3번째 줄을 통해 광합성을 일으키는 엽록체는 식물의 세포에만 있으므로 동물은 광합성을 하지 못함을 알 수 있다.

[관련 부분] 광합성을 일으키는 엽록체는 식물에게만 있고,

오답 분석

① 4문단 2~3번째 줄을 통해 서로 다른 성별을 가진 것은 인간임을 알 수 있을 뿐 미생물에도 성별이 존재하는지는 알 수 없다.

[관련 부분] 서로 다른 성(性)을 갖는 개체끼리 만나야 자손을 낳는 인간에 이르기까지

③ 3문단 끝에서 1~2번째 줄을 통해 생명체는 영양분의 종류에 상관없이 일단 먹어야 생존할 수 있음을 알 수 있을 뿐 특정한 영양분을 섭취해야만 생존할 수 있는지는 알 수 없다.

[관련 부분] 영양분의 종류가 무엇이든 일단 먹어야 자기 몸을 유지하면서 생존에 필요한 활동을 할 수 있다.

④ 2문단 1~2번째 줄을 통해 생물에는 대사, 생식, 적응이라는 공통된 기능적 특성이 있음을 알 수 있으므로 종류가 다른 생물끼리는 공통된 특성이 발견되지 않는다는 설명은 적절하지 않다.

[관련 부분] 과학자들은 현존하는 생물들을 면밀히 연구한 결과 몇 가지 공통의 기능적 특성을 발견했다. 그 내용은 대략 대사, 생식 그리고 적응으로 요약할 수 있다.

2 내용 추론

정답 해설

④ 제시문은 다른 매체들과 비교하여 신문의 중요성에 대해 설명하고 있다. 특히 4문단에서 종합적이고 체계적인 정보의 전달이 어려운 인터넷, 영상 매체의 단점을 언급하고, 5문단에서는 신문의 신속함을 강조하고 있다. 이를 미루어 보아 유용한 정보만을 빠르고 종합적으로 전달해 주는 신문의 장점을 언급하는 ④가 이어지는 것이 적절하다.

[관련 부분]

- 인터넷의 기능은 단지 정보 습득에 편중되어 있다. ~ 텔레비전과 같은 영상 매체도 크게 다르지 않다. 정보의 수집 기능에 치우쳐 있는 영상 매체는 종합적이고 체계적으로 정보를 전달할 수 없다.
- 하루 단위로 생생한 정보를 담아내는 신문의 신속함은 따라갈 수 없다.

오답 분석

① 2문단에서 신문만큼 세상 이야기를 절묘하게 담고 있는 매체가 없다고 말하며, 신문을 읽지 않으면 세상 이야기에서도 멀어지고 만다고 설명하고 있다. 따라서 우리가 살아가는 세상을 알고 싶다면 신문을 읽으면 된다는 내용은 2문단 뒤에 오는 것이 적절하다.

②③ 제시문을 통해 확인할 수 없으므로 <보기>에 이어질 내용으로 적절하지 않다.

3 글의 구조 파악

정답 해설

④ ㉣의 앞에서는 플라톤의 동굴을 '생성의 영역'으로 해석하는 내용을 제시하고 있다. <보기>는 동굴 바깥의 세상을 ㉣의 앞 내용(동굴 안)과 비교하여 설명하고 있으므로 ㉣에 들어가는 것이 적절하다.

DAY 18 p. 60

1 ③ **2** ④ **3** ④

1 글의 전략 파악

정답 해설

③ 제시문을 통해 확인할 수 없는 전개 방식이므로 적절하지 않은 설명이다.

오답 분석

① 1문단 1~2번째 줄에서 '일코노미'가 '1인'과 '이코노미(economy)'가 합쳐진 신조어임을 밝히고 그 의미를 설명하고 있다.
[관련 부분] '일코노미'란 '1인'과 경제를 의미하는 '이코노미(economy)'를 합친 신조어로, 일인 가구가 만드는 경제적 파급 효과를 뜻한다.

② 1문단에서 일인 가구가 증가함에 따라 소규모·소용량 제품들이 늘어나며, 편의점 매출이 늘고 반려동물 시장이 커지는 등 변화하는 시장의 상황을 나열하고 있다.

④ 3문단에서 다인 가구와 일인 가구의 상황을 대조하여 일인 가구가 생활에서 겪는 결핍 문제를 부각하고 있다.
[관련 부분] 일인 가구의 가장 큰 문제는 '생활의 결핍'이다. 다인 가구의 경우에는 ~ 그러나 혼자 살면 이 모든 일이 귀찮아진다. 혼자 생계를 꾸리기 위한 돈을 버느라 시간이 없기도 하지만, 시간이 생겨도 하고 싶은 마음이 생기지 않는다.

2 세부 내용 파악

정답 해설

④ 2문단 3~6번째 줄을 통해 기후의 변화로 해수면이 낮아지면서 새롭게 등장한 육지로 된 연결로로 호모에렉투스가 더 멀리 이동할 수 있었음을 확인할 수 있으므로 적절하다.
[관련 부분] 기후의 변화는 호모에렉투스가 더 멀리 진출할 수 있도록 도와주었다. 호모에렉투스가 등장했을 때 일련의 빙하 시대가 시작되어 기후가 좀 더 추워졌으며 극지방의 만년설이 높아졌다. 그 결과 해수면이 낮아져, 호모에렉투스는 새로이 등장한 육지로 된 연결로를 통해서 인도네시아로 걸어갈 수 있었다.

오답 분석

① 2문단 1번째 줄을 통해 호모에렉투스가 불을 사용했음은 확인할 수 있으나, 기후 때문에 불을 사용했는지는 알 수 없다.
[관련 부분] 호모에렉투스는 도구를 개량했고 불을 사용했으며

② 1문단 2번째 줄을 통해 호모하빌리스보다 호모에렉투스가 늦게 등장했음은 확인할 수 있으나, 호모하빌리스가 멸종하자마자 호모에렉투스가 등장했는지는 알 수 없다.
[관련 부분] 호모에렉투스는 아마도 호모하빌리스의 후손일 것이다.

③ 2문단 끝에서 2~3번째 줄을 통해 아시아와 아프리카에서 발견된 호모에렉투스 화석은 골격에 미묘한 차이가 있었음을 확인할 수 있으므로 두 지역에서 동일한 모양의 화석이 발견됐다는 설명은 적절하지 않다.
[관련 부분] 아시아에서 발견된 호모에렉투스 화석의 골격과 아프리카에서 발견된 골격에는 미묘한 차이가 있다.

3 내용 추론

정답 해설

④ 1문단을 통해 상어의 피부에는 수많은 돌기들이 있음을 확인할 수 있으며, 3문단을 통해 매끄러운 표면에서는 물의 흐름이 집중되는 부분이 생겨 돌기가 있는 표면에 비해 저항이 커짐을 알 수 있다. 이를 미루어 보아 상어 피부의 돌기들이 물의 흐름이 집중되지 않게 만들어 저항을 줄일 것이라는 반응은 적절하다.
[관련 부분]
- 반질반질하고 매끄러울 것으로 생각했던 상어의 피부에는 수많은 돌기들이 있다.
- 매끄러운 표면에서는 물의 흐름이 상대적으로 적어져 물의 흐름이 집중되는 부분이 생기는데, 그러다 보니 돌기가 있는 표면에 비해 저항이 커져서

오답 분석

① 제시문을 통해 추론할 수 없는 내용으로 글을 읽은 후의 반응으로 적절하지 않다.

② 4문단에 물 밖에서 돌출 구조와 매끄러운 구조의 속도 차이를 측정하는 방법이 제시되었으나 이를 통해 둘 중 어떤 구조가 더 저항을 감소시키는지는 추론할 수 없으므로 적절하지 않은 반응이다.

③ 1문단 1~2번째 줄과 3문단 2번째 줄을 통해 매끄러운 면보다 돌출 구조가 저항이 감소되어 속도가 빨라짐을 알 수 있으므로 물속에서 속도를 내기 위해 매끄러운 수영복을 입는 것이라는 반응은 적절하지 않다.
[관련 부분]
- 매끄러운 피부 때문에 물에 대한 저항력이 낮아 빠르게 헤엄칠 수 있을 것이라고 생각한다. 그러나 사실은 정반대다.
- 돌기가 있는 표면에 비해 저항이 커져서 속도가 느려진다.

DAY 19

p. 63

1 ④ **2** ② **3** ④

1 세부 내용 파악

정답 해설

④ 1문단 끝에서 1~3번째 줄을 통해 바이오-리파이너리 기술은 식물체에서 플라스틱 원료를 뽑아내는 차세대 플라스틱 원료 생산의 핵심 기술임은 확인할 수 있으나, 재생 플라스틱을 만들기 위한 기술인지는 <보기>를 통해 알 수 없으므로 옳지 않다.

[관련 부분] 석유 대신 ~ 식물체에서 휘발유 원료와 플라스틱 원료를 뽑아내는 정유(refinery) 기술, 즉 바이오-리파이너리(Bio-refinery) 기술이 차세대 플라스틱 원료 생산의 핵심 기술이다.

오답 분석

① 1문단 1~2번째 줄을 통해 플라스틱을 만들 때도 석유가 소비된다는 것을 확인할 수 있다.

[관련 부분] 현재의 플라스틱 원료는 모두 석유다.

② 1문단 3~4번째 줄을 통해 확인할 수 있다.

[관련 부분] 에너지로서의 석유를 대체하는 방안으론 원자력·태양열·풍력·바이오디젤 등 여러 대안이 제기됐다.

③ 2문단 끝에서 2~4번째 줄을 통해 알코올과 유산은 플라스틱 원료가 되는데, 이는 미생물들이 만든 것임을 알 수 있다.

[관련 부분] 알코올과 유산은 모두 플라스틱의 원료가 된다. ~ 발효술을 만들듯이 얼마간 세균을 키우면 세균들은 알코올이나 젖산 등을 만든다.

2 관점과 태도 파악

정답 해설

② 1문단 2~3번째 줄을 통해 보는 자에게 심리적 거리감을 주고 화면의 깊이에 따라서 느낌을 새롭게 하는 것이 '거리 두기'임을 알 수 있다. 이때 깊이에 따라 느낌을 새롭게 한다는 내용을 통해 글쓴이는 사진의 깊이에 따라 익숙한 장면도 낯설게 보인다고 생각함을 알 수 있으므로 답은 ②이다.

[관련 부분] '거리 두기'라고 하는데, 보는 자에게 심리적 거리감을 주고 그 깊이에 따라서 느낌을 새롭게 한다.

오답 분석

① 제시문을 통해 확인할 수 없는 내용이다.

③ 2문단 끝에서 3~4번째 줄을 통해 관객은 깊은 화면을 구축한 영화를 객관적인 관점에서 바라보게 된다고 설명하고 있다. 즉 글쓴이는 사진의 깊이가 깊을수록 객관적인 관점으로 사진을 바라보게 된다고 생각할 뿐, 객관적인 관점으로 사진을 바라보아야 그 깊이가 더욱 깊어진다고 생각하는 것은 아니다.

[관련 부분] 시종일관 깊은 화면을 구축하는 이 영화를 관객은 객관적인 관점에서 바라보게 된다.

④ 1문단 끝에서 2~3번째 줄을 통해 화면의 깊이는 조리개의 수치나 렌즈의 초점 거리와 같은 카메라 기술에 의해 결정되는 것임을 알 수 있으므로 화면의 깊이가 카메라 기술과 관계없이 관객에 의해 결정된다는 내용은 글쓴이의 입장에 부합하지 않는다.

[관련 부분] 일반적으로 조리개의 수치, 렌즈의 초점 거리, 그리고 대상과의 거리에 따라서 결정되는 화면의 깊이는

3 내용 추론

정답 해설

④ 제시문에는 쐐기 문자의 해독 방식에 대한 내용이 언급되지 않았으므로 추론할 수 없는 내용이다.

오답 분석

① 1문단을 통해 메소포타미아 문명은 문자를 사용했으며 이러한 문자를 종이가 아닌 점토판을 이용하여 기록했음을 알 수 있다. 이를 미루어 보아 문자가 종이보다 먼저 만들어졌음을 추론할 수 있다.

[관련 부분] 메소포타미아 문명이 사용했던 문자를 ~ 주위에서 쉽게 구할 수 있는 재료인, 진흙과 습지에 자라는 갈대를 이용하여 글을 썼다. 이 지역의 고대인들은 진흙을 편평하게 만든 뒤 그 위에 갈대 줄기의 뾰족한 끝으로 글씨를 새긴 후 말리거나 구워서 그 점토판을 보존했는데, 쐐기 문자가 새겨진 점토판들이 오늘날까지도 전해진다.

② 3문단을 통해 고고학자들이 메소포타미아 지역에서 수학에 관한 표와 문제가 적혀 있는 점토판을 발굴했음을 알 수 있다. 이를 미루어 보아 고대 사람들은 수학에 관심이 많았을 것임을 추론할 수 있다.

[관련 부분] 50여만 개의 점토판들 가운데 300개 정도가 수학에 관한 점토판으로 판명됐는데, 수학에 관한 표와 문제가 적혀 있다.

③ 2문단에서 최초의 쐐기 문자는 상형 문자 형태로 1천 개 정도로 많았으나, 이후 소리를 표기하는 표음 문자의 비율이 늘어나면서 간략하게 개량하게 되었음을 알 수 있다. 이를 미루어 보아 쐐기 문자는 소리를 표기하는 표음 문자가 되면서 간단해졌을 것임을 추론할 수 있다.

[관련 부분] 최초의 쐐기 문자는 ~ 문자의 개수도 1천 개에 이를 정도로 많았다. 하지만 점차 표음 문자의 비율이 늘어났고, ~ 간략하게 개량한 덕분에 쐐기 문자는 최종적으로 30여 개의 자수를 가진 표음 문자가 됐다.

DAY 20 p. 66

1 ②　**2** ②　**3** ④

1 주제 및 중심 내용 파악

정답 해설

② 제시문은 루스벨트가 대통령 당선 직후부터 취임 전까지 후퇴했다가 취임 직후 강력한 리더십을 발휘한 전략을 소개하고, 이러한 전략을 통해 얻어진 효과에 대해 설명하고 있다. 따라서 글의 중심 내용으로 가장 적절한 것은 ② '전략적인 리더십을 발휘하면 국민들의 신임을 얻을 수 있다'이다.

오답 분석

①③ 제시문에서 확인할 수 없는 내용이므로 글의 중심 내용으로 적절하지 않다.

④ 제시문에서 루스벨트는 선거에서 승리한 직후에 잠시 후퇴했다가 취임 연설 직후부터 태도를 바꾸는 전략으로 국민들의 신임을 얻을 수 있었다. 따라서 국민들의 신뢰를 얻기 위해 지도자는 일관된 태도를 유지하는 것이 좋다는 내용은 글의 중심 내용으로 적절하지 않다.

2 세부 내용 파악

정답 해설

② 2문단 3~4번째 줄을 통해 인간이 지능을 활용해 편리한 삶을 살 수 있게 되었음은 알 수 있으나, 본성이 지능을 발달시켰는지는 제시문을 통해 알 수 없다.

[관련 부분] 지능은 이기적 경쟁과 배타적 소유욕을 본질로서 지니고 있다. 그 때문에 인간 사회의 기술과 경제력이 엄청나게 발전하여 놀랄 만큼 편리한 세상이 되었다.

오답 분석

① 1문단 1~2번째 줄을 통해 동물은 본능에 의해 무의식적으로 생명을 유지하기 위한 일에 매진함을 확인할 수 있다.

[관련 부분] 동물의 본능처럼 무의식적으로 일에 매진하다는 점에서는 서로 비슷하다. 그러나 본능은 주로 생명을 유지하기 위한 물질적인 생존력에만 관심을 쏟지만

③ 1문단 끝에서 1~3번째 줄을 통해 확인할 수 있다.

[관련 부분] 본성의 목적 없는 자연적 방향이란 어떤 일을 인위적인 목적의식으로 꾸미는 것이 아니라, 단지 자기 마음에 자연적으로 깃들어 있는 성향이 좋아하는 바를 그냥 따르는 것을 말한다.

④ 2문단 1~2번째 줄을 통해 인간의 지능은 생존에 도움이 되는 기술을 소유하려 하고 경쟁적임을 알 수 있다. 따라서 인간의 지능이 남보다 더 좋은 기술을 소유하길 원하게 만든다는 설명은 적절하다.

[관련 부분] 지능은 인간 개인이나 종족의 생존에 도움이 되는 기술이나 경제력, 무력 등을 소유하려 한다. 지능은 철두철미하게 사회적이고 소유적이다. 사회적이라는 것은 경쟁적이라는 것과 동의어이고,

3 내용 추론

정답 해설

④ 1문단에서는 과학의 법칙이나 이론으로부터 결론을 취사선택할 수 없고 과학은 가치에 대한 판단을 내리지 않는다는 가치 중립성의 두 가지 의미를 소개하고 있다. 2문단에서는 과학이 가치 판단에 관여한다는 일부 사람들의 반론을 반박하며, 결정은 전적으로 인간이 내린다고 주장하고 있다. 따라서 과학은 인간이 내린 가치 판단의 결과에 대해 책임지지 않는다는 내용이 이어지는 것이 적절하다.

[관련 부분] 이 결정은 전적으로 인간이, 즉 그런 질병을 가진 사람 자신이나 때로는 사회가 내리는 것이지 과학이 내려 주는 것은 아니다.

오답 분석

①② 제시문과 관련이 없는 내용이므로 이어질 내용으로 적절하지 않다.

③ 제시문에 나타난 내용과 상반되는 내용이므로 이어질 내용으로 적절하지 않다.

DAY 21

p. 68

1 ④ 2 ① 3 ②

1 내용 추론

정답 해설

④ 3문단 끝에서 1~5번째 줄을 통해 과거에 대한 단편적인 조각에 불과한 기록을 의미 있게 재구성한 것이 역사임을 알 수 있다. 따라서 과거 기록의 양이 적어도 이를 의미 있게 재구성할 수 있다면 역사가 될 수 있음을 추론할 수 있다.

[관련 부분] 기록들이란 과거에 대한 극히 단편적인 조각들에 불과하다. ~ 역사에서 재구성 작업이 필요한 것은 조각만으로는 의미 있는 과거가 드러나지 않기 때문이다. 그러므로 우리는 역사를 과거의 기록에 기반한 재구성이라 부를 수 있다.

오답 분석

①② 제시문에 언급되지 않은 내용이므로 추론할 수 없다.

③ 2문단의 끝에서 1~2번째 줄에서 기록을 통해 과거에 대한 객관성을 확보할 수 있음은 알 수 있으나 그 기록이 가치 있는 것만 기록된 것인지는 추론할 수 없으므로 적절하지 않다.

[관련 부분] 기록이 ~ 그런 상상이 어떤 객관성을 가질 수는 없다.

2 세부 내용 파악

정답 해설

① 2문단 1~2번째 줄을 통해 사회의 지도자적 위치의 사람들이 부끄러움을 모른다면 사회의 존립 자체가 위기에 빠질 수 있다고 하였음을 알 수 있으므로 글에 대한 이해로 가장 적절한 것은 ①이다.

[관련 부분] 특히 사회의 지도자적 위치에 있는 사람들이 부끄러움을 모른다면 그 사회는 존립 자체가 위협받을 수 있다.

오답 분석

② 3문단 1번째 줄을 통해 부끄러움은 개인적 감정에도 해당함을 알 수 있으나, 극복해야 하는 요소라는 점은 언급되지 않았으므로 적절하지 않다.

[관련 부분] 부끄러움이 개인적 감정이면서도,

③ 1문단 2~3번째 줄을 통해 부끄러움은 스스로 행동의 옳고 그름을 판단하는 기준이 됨을 알 수 있으나 지도자가 부끄러움을 통해 집단의 도덕적인 행동을 규정할 수 있는지는 제시문에서 확인할 수 없으므로 적절하지 않다.

[관련 부분] 부끄러움을 염두에 둔다는 것은 자신의 행동이 옳은 것인지를 반성한다는 의미다. 또한 도덕적이지 않은 행동은 좋은 것이 아니며, 그런 행동을 했을 때 부끄러울 것을 아는 것이다.

④ 1문단 끝에서 1~2번째 줄을 통해 부끄러움이라는 감정과 부끄러움을 아는 것을 모두 선천적인 것이라고 하였으므로 적절하지 않다.

[관련 부분] 부끄러움이 선천적 감정이기 때문에 부끄러움을 아는 것 또한 선천적 지식이다.

3 적용하기

정답 해설

② 제시문은 언어는 의사소통 수단으로 개인이 함부로 바꿀 수 없는 사회적 약속이라는 '언어의 사회성'에 대해 설명하고 있다. 이때 책상을 책상이라고 부르는 것은 사회적 약속이므로 개인이 함부로 바꿔 부른다면 그 사회 내에서 의사소통이 불가능하다. 따라서 '언어의 사회성(불역성)'에 해당하는 사례로 적절한 것은 ②이다.

오답 분석

① '어머니'를 의미하는 단어를 독일에서는 'Mutter'로 표현하는 것은 각 사회마다 '어머니'를 의미하는 단어를 나타내는 표현(형식)이 다르기 때문이므로 '언어의 사회성'의 사례로 적절하지 않다. 참고로 언어의 의미와 형식이 절대적인 관계를 맺고 있지 않음을 나타내는 언어의 특성은 '언어의 자의성'에 해당한다.

③ 15세기에 '나모'라고 불렀던 단어를 오늘날 우리 사회에서는 '나무'라고 부르는 것은 시간의 흐름에 따라 단어의 형태가 변화했기 때문이므로 '언어의 사회성'의 사례로 적절하지 않다. 참고로 언어가 세월의 흐름에 따라 변화하는 언어의 특성은 '언어의 역사성'이다.

④ 우리나라에 농기구와 관련된 용어들이 발달한 것은 사회적인 약속에 의해서가 아니라 언어가 사회의 문화를 반영했기 때문이므로 '언어의 사회성'의 사례로 적절하지 않다.

DAY 22 p. 70

1 ④ **2** ① **3** ④

1 세부 내용 파악

정답 해설

④ 카메라 옵스쿠라가 오늘날 어떠한 형태로 변했는지에 대한 내용은 확인할 수 없다.

오답 분석

① 1문단 끝에서 1~2번째 줄을 통해 확인할 수 있다.
[관련 부분] 어둠 속에 바늘구멍으로 들어온 빛을 따라 일정한 거리의 벽면이나 흰 종이에 밖의 풍경이나 사물들이 거꾸로 비치게 되는 원리를 일정한 틀로 개발한 것이다.

② 2문단 끝에서 3~4번째 줄을 통해 확인할 수 있다.
[관련 부분] 15세기 후반에서 16세기 전반이 입체적인 표현 기법의 변화 시점이고 그 시기가 카메라 옵스쿠라의 개발과 맞물려 있음을 확인했다.

③ 2문단 1번째 줄을 통해 확인할 수 있다.
[관련 부분] 카메라 옵스쿠라는 외부의 빛이 밝고 환해야 스크린에 비친 영상이 뚜렷하다.

2 글의 구조 파악

정답 해설

① ㉢ - ㉠ - ㉣ - ㉡ - ㉤의 순서가 가장 자연스럽다.

순서	중심 내용	순서 판단의 단서와 근거
㉢	심리학은 행동을 과학적으로 연구하는 학문임	지시어나 접속어로 시작하지 않으면서 '행동'이라는 화제를 제시함
㉠	심리학에서 연구하는 행동은 인간과 동물의 행동을 포함함	지시 표현 '이때 행동이란': ㉢에서 언급한 '행동'을 가리킴
㉣	조직 심리학의 경우 연관성이 적어 동물 행동 연구에는 깊이 관여하지 않음	접속어 '그러나': ㉠의 내용과 상반되는 내용이 이어짐
㉡	조직의 행동이 동물 행동과 무관하지는 않음	접속어 '그렇다고': ㉣의 내용을 인정하면서도 조직 심리학이 동물의 행동과도 관련이 있다는 내용을 제시하고 있음
㉤	학자에 따라서 연구에 동물 행동 실험을 진행함	키워드 '때문이다': 조직 심리학과 동물 행동이 무관하지 않다는 ㉡에 대한 이유가 제시됨

3 내용 추론

정답 해설

④ ㉠과 ㉡에 들어갈 말은 순서대로 '바깥 - 무조건적'이므로 답은 ④이다.

- ㉠: ㉠ 뒤에서 공리주의의 가치 판단 기준은 행위의 결과이며, 공리주의와 반대로 의무론은 행위 자체의 내적 성질에 주목한다고 설명하고 있다. 따라서 ㉠에는 외적 성질을 의미하는 '바깥'이 들어가는 것이 적절하다.
- ㉡: ㉡이 포함된 문장에서는 도덕이 정언 명법에 근거해야 함을 제시하고 있고 ㉡ 뒤에서 정언 명법은 어떤 상위의 목적(조건)도 전제되지 않고 그 자체가 목적인 명령임을 설명하고 있다. 따라서 ㉡에는 목적이나 조건에 따라 바뀌는 말이 아닌 '아무 조건도 없는 것' 또는 '절대적인 것'을 뜻하는 '무조건적'이 들어가는 것이 적절하다.

DAY 23

p. 72

1 ④ 2 ② 3 ④

1 글의 전략 파악

정답 해설

④ 1문단 끝에서 1~4번째 줄을 통해 황금비를 적용한 유명한 화가와 그 작품을 나열함으로써 걸작에는 황금비가 적용되었음을 제시하며 미술에서 황금비의 중요성을 강조하고 있음을 알 수 있다.

[관련 부분] <모나리자>의 자태와 얼굴을 자세히 살펴보면 놀랄 만큼 황금비에 가깝다는 사실을 알 수 있고, 브뢰헬이 그린 <바벨탑>의 밑각은 황금 삼각형과 일치한다. ~ 현대 화가 몬드리안의 작품에 사람들이 시선을 멈출 수밖에 없는 이유는 황금 직사각형의 비율 때문이다.

오답 분석

① 2문단 1~2번째 줄을 통해 거장의 작품에는 수학적 사고와 원리가 담겨 있음은 알 수 있으나, 황금비에 대한 거장들의 인식 변화 과정은 드러나지 않는다.

[관련 부분] 거장들의 작품 속에는, 그들이 의도했든 의도하지 않았든, 수학적 사고와 원리가 담겨 있다.

② 제시문을 통해 알 수 없는 내용이다.

③ 1문단 4~5번째 줄에서 독일 르네상스의 거장 뒤러의 견해를 인용했음은 알 수 있으나 황금비를 실현하는 방법은 드러나지 않는다.

[관련 부분] 독일 르네상스의 거장 뒤러는, "나는 수(數)를 가지고 남자와 여자를 그렸다"고 말했을 정도로 인체의 완벽한 미를 완성하는 황금비 값을 구하는 데 온 힘을 쏟았다.

2 내용 추론

정답 해설

② 끝에서 1~2번째 줄을 통해 전제 군주제에서 군주와 정부 그리고 국가는 동일한 존재임을 알 수 있으므로 전제 군주 국가에서는 국가의 권력이 약해지면 그것은 곧 군주의 권력이 약해지는 것임을 추론할 수 있다.

[관련 부분] 군주가 곧 정부이며 정부가 곧 국가이므로 국가와 정부와 군주를 구분할 필요가 없다.

오답 분석

① 끝에서 3~4번째 줄을 통해 전제 군주 국가의 신민은 자신의 가치나 소망, 욕구 등을 추구할 수 없음을 알 수 있으므로 적절하지 않은 추론이다.

[관련 부분] 사람들이 각자 저마다의 가치나 소망, 욕구, 삶의 목표를 추구하는 것도 국가의 목적 수행을 저해한다.

③ 끝에서 2~3번째 줄을 통해 전제 군주 국가에서 평화와 안전을 지키기 위한 판단은 신민이 아니라 통치권자에 의해 이루어짐을 알 수 있으므로 신민에게는 국가의 평화에 기여할 수 있는 권한이 없음을 알 수 있다. 따라서 ③의 추론은 적절하지 않다.

[관련 부분] 평화와 안전을 지키기 위해 무엇을 어떻게 해야 할지는 신민이 아니라 통치권자가 판단한다.

④ 끝에서 1번째 줄을 통해 어떤 일을 해도 처벌받지 않는 대상은 신민이 아닌 통치권자임을 알 수 있으므로 적절하지 않은 추론이다.

[관련 부분] 통치권자는 어떤 일을 해도 처벌받지 않는다.

3 세부 내용 파악

정답 해설

④ 3문단 끝에서 1~3번째 줄을 통해 사대부 집안의 여성들이 경쟁적으로 돈을 주고 책을 빌려 읽었음을 알 수 있다. 그러나 사대부 집안의 여성들이 서민 여성들보다 소설책을 쉽게 빌릴 수 있다는 ④의 설명은 제시문을 통해 알 수 없다.

[관련 부분] 그것도 사회적 제약이 심했던 사대부 집안의 여성들이 경쟁적으로 돈을 주고 소설책을 빌려다 읽는 예측 불허의 상황이 벌어진 것이다.

오답 분석

① 2문단 끝에서 1~2번째 줄을 통해 알 수 있다.

[관련 부분] 중국의 통속 소설이 반윤리적이고 비사실적이며 음란하다는 이유로 사대부의 비난이 거세지자 소설을 백안시하는 문화가 폭넓게 형성되었던 것이다.

② 3문단 1~2번째 줄을 통해 알 수 있다.

[관련 부분] 일부 문인이나 여성들 사이에서는 중국에서 들어온 통속소설을 애독하는 현상이 일어나 소설 발달을 자극하는 동인(動因)이 되었다.

③ 2문단 1~2번째 줄을 통해 알 수 있다.

[관련 부분] 조선 사회에서 소설은 오랫동안 금기시되거나 배척되었다. 사실 조선 전기만 해도 소설에 대한 평가가 그리 부정적이지 않았다.

DAY 24

p. 74

1 ③ 2 ② 3 ③

1 주제 및 중심 내용 파악

정답 해설

③ 1문단에서는 공동체 정신과 가족 중심주의를 바탕으로 한 이슬람 문화의 확산에 관한 내용을 설명하고 있고 2문단에서는 일상 속에서 나타나는 이슬람의 공동체 정신과 가족 중심주의를 제시하고 있다. 따라서 글의 전체 내용을 포괄하는 제목으로 가장 적절한 것은 ③이다.

오답 분석

①② 이슬람 사회의 양극화와 이슬람이 아이사에 포교된 과정은 제시문에서 언급하지 않은 내용이므로 글의 제목으로 적절하지 않다.

④ 제시문은 이슬람의 공동체 문화를 설명하는 과정에서 이슬람교와 다른 종교의 차이점을 언급했으나 글 전체의 내용을 포괄하는 제목으로는 적절하지 않다.

2 세부 내용 파악

정답 해설

② 1문단 2~3번째 줄을 통해 값싼 수입 농산물로 인하여 국산 농산물은 수입산 농산물과 가격 경쟁을 할 수 없는 지경이 되었음을 알 수 있다. 따라서 글에 대한 이해로 적절한 것은 ②이다.

[관련 부분] 국산 농산물보다 상대적으로 값싼 농산물이 수입되어 시장에 넘쳐나기 때문에 농민들은 농사를 지어도 수입산 농산물과 가격 경쟁을 할 수 없는 지경에 놓였다.

오답 분석

① 1문단 4~6번째 줄을 통해 젊은이들이 농사일을 기피하고 있음은 알 수 있으나 이에 대한 원인으로 사회적 시선에 대한 내용은 언급되지 않았으므로 적절하지 않다.

[관련 부분] 젊은이들은 농사일을 기피하고 있다. 농사일로 안정된 생활을 할 수 없고, 농촌의 교육 수준, 문화 여건 또한 도시보다 크게 뒤떨어져 있기 때문이다.

③ 2문단 끝에서 1~2번째 줄을 통해 식량 공급 요인이 취약해지는 이유는 농경지 면적이 점점 줄어들고 있기 때문임을 알 수 있으므로 적절하지 않다.

[관련 부분] 우리나라의 식량 공급 요인은 취약하고 불안정하다. 휴경지가 증대하고 농지가 다른 용도로 전용되는 일이 많아지면서 경지 면적이 점점 줄어들고 있기 때문이다.

④ 1문단 끝에서 1~2번째 줄을 통해 농업 비중 감소와 농업의 중요성에 대한 인식 약화로 인하여 먹을거리와 식생활에 많은 문제가 생겨나고 있음은 알 수 있으나 유전자 조작 식품에 대한 내용은 제시문에 나타나 있지 않으므로 적절하지 않다.

[관련 부분] 농업의 비중이 줄어들고 농업의 중요성에 대한 인식이 약화되면서, 먹을거리와 식생활에 많은 문제가 생겨나고 있다.

3 적용하기

정답 해설

③ ③은 불안을 제거하기 위해 안정제를 복용한 경우로 이는 불안을 부정적인 것으로 해석하는 ㉠'방해 불안'의 예시임을 알 수 있다. 따라서 ㉠과 ㉡의 예시로 적절하지 않은 것은 ③이다.

오답 분석

①② A, B는 불안이 수행을 방해하였으므로 ㉠'방해 불안'의 예시로 적절하다.

④ D는 불안을 긍정적으로 해석해 수행에 도움이 되었으므로 ㉡'촉진 불안'의 예시로 적절하다.

DAY 25 p. 76

1 ① **2** ③ **3** ②

1 주제 및 중심 내용 파악

정답 해설

① 제시문은 어느 나라, 어느 시대이든 인류와 음악은 함께 존재하였음을 고대 동·서양의 사례를 들어 설명하고 있다. 따라서 인간의 삶과 음악이 깊은 관련을 맺으며 함께해 왔음을 알 수 있으므로 글의 제목으로 가장 적절한 것은 ① '인류와 음악의 역사적 동행'이다.

[관련 부분]

- 음악은 서양의 역사와 함께 존재해 왔으며 ~ 현대 음악에 이르고 있다.
- 백성들 사이에 유행하는 노래를 통해 백성들의 마음을 파악하여 이를 정치에 반영하려 했음을 알 수 있다. 즉 음악에 '인간의 삶'이라는 심오한 의미가 담겨 있다는 것이다.

2 세부 내용 파악

정답 해설

③ 1문단 끝에서 1~2번째 줄을 통해 역사성과 역사적 맥락에 대한 관심이 역사 비평 방법의 출발점이자 논리적 근거임은 확인할 수 있으나, 역사 비평이 맥락과 역사성 중 어떤 것에 더 주목하는지는 알 수 없으므로 적절하지 않다.

[관련 부분] 역사성, 과거에 대한 감각, 그리고 역사적 맥락에 대한 관심, 그것이 바로 역사 비평 방법의 출발점이요 논리적 근거라고 할 수 있다.

오답 분석

① 1문단 1~2번째 줄을 통해 문학은 구체적인 역사적 시간과 사회적 공간에 살고 있는 작가의 산물임을 확인할 수 있으므로 작가가 영향을 받는 환경에 따라 문학이 만들어진다는 내용은 적절하다.

[관련 부분] 문학은 ~ 그것은 어디까지나 구체적인 역사적 시간과 사회적 공간에 살고 있는 작가의 산물에 지나지 않는다.

② 2문단 끝에서 1~3번째 줄을 통해 역사 비평 방법은 공시적 관점의 일부 문학 연구 방법을 제외하고 거의 모든 연구 방법이 포함되는 넓은 스펙트럼을 가지고 있음을 알 수 있으므로 적절하다.

[관련 부분] 역사 비평 방법만큼 넓은 스펙트럼을 차지하고 있는 방법은 아마 찾아보기 드물 것이다. 공시적 관점에서 문학을 연구하려는 몇몇 방법론을 빼놓고는 사실 거의 모든 연구 방법이 다 이 비평 방법에 들어간다.

④ 2문단 1~2번째 줄을 통해 확인할 수 있는 내용이다.

[관련 부분] 언어학을 크게 통시 언어학과 공시 언어학으로 나누는 것처럼 문학 연구도 통시적 방법과 공시적 방법의 두 갈래로 크게 나눌 수 있을 것 같다.

3 내용 추론

정답 해설

② 1문단 끝에서 3~4번째 줄을 통해 교육 활동이 학습 활동을 돕는 것은 알 수 있으나 이를 통해 교육이 선행된 후 학습이 이루어지는 것이 효과적인지는 추론할 수 없으므로 적절하지 않다.

[관련 부분] 물론 교육 활동이 학습 활동을 자극하고 보조함으로써 학습을 돕는 것은 사실이다.

오답 분석

① 1문단 1~3번째 줄의 학습자는 교사가 가르치는 것이나 해석하는 것을 그대로 받아들이지 않고 스스로 취사선택하고 판단하며 학습한다는 내용을 통해 학습자마다 받아들이는 교육의 내용은 서로 다를 것임을 추론할 수 있다.

[관련 부분] 교사가 가르치는 것을 학생들이 전부 배우는 것도 아니고 가르치는 대로, 예컨대 어떤 현상에 대한 교사의 해석을 그대로 받아들이는 것도 아니다. 학습자는 스스로 취사선택하고 동시에 판단하면서 학습한다.

③ 1문단 끝에서 1~2번째 줄의 교육한 대로 배우지 않아서 오히려 좋은 결과를 가져온 사례가 있다는 내용을 통해 교사가 가르치는 내용이 모두 성공을 위한 방법이 아님을 추론할 수 있다.

[관련 부분] 가르치는 대로 배우지 않아서 오히려 좋은 결과를 가져온 사례를 역사 속에서 얼마든지 찾아볼 수 있다.

④ 2문단의 교사나 부모와 같은 타인의 강요가 없어도 인간은 스스로 학습 활동을 해왔다는 내용을 통해 인간은 타인의 강요가 없어도 주체적으로 배우는 일을 행한다는 것을 추론할 수 있다.

[관련 부분] 교사나 부모의 교육적 지도가 없어도 인간은 스스로 학습 활동을 해 왔다.

DAY 26

p. 78

1 ④ 2 ① 3 ②

1 관점과 태도 파악

정답 해설

④ 3문단 1~3번째 줄을 통해 ㉠'유전자 쇼핑'은 유전자를 조작하여 인간이라면 누구나 가질 수 있는 강점은 극대화하고 약점을 보완하는 인간의 진화에 목적을 두고 있음을 알 수 있으나, 이러한 인간의 진화를 통해 궁극적으로 세상의 발전을 이룩하고자 하는지는 알 수 없으므로 ㉠에 대한 글쓴이의 견해로 적절하지 않다.

[관련 부분] 인간이 스스로의 유전자를 조작함으로써 진화에 관여하는 것 역시 마냥 두려워할 일은 아니다. 유전자 강화는 ~ 누구나 가질 수 있는 강점을 극대화하고 약점은 보완하는 데 목적을 두고 있기 때문이다.

오답 분석

① 3문단 끝에서 1~2번째 줄을 통해 글쓴이는 ㉠으로 인해 병에 쉽게 걸리지 않는 건강한 인간이 늘어날 것이라고 생각함을 알 수 있으므로 적절하다.

[관련 부분] 이전에는 100명 중 10~20명의 꼴로 있던 건강하고 우수한 인간이 40~50명 수준으로 많아지는 것일 뿐이다.

② 1문단 2~3번째 줄과 2문단 끝에서 1~3번째 줄을 통해 글쓴이는 ㉠ 역시 도입 초기에 다른 치료법처럼 비난을 받거나 거부감이 들 수 있다고 생각함을 알 수 있으므로 적절하다.

[관련 부분]

- 당장 지금 우리가 경험하고 있는 의료 기술의 상당수가 도입 초기에는 똑같은 비난을 받았다는 사실을 아는가?
- 지금은 종교적·관습적인 관점에서 볼 때 거부감이 클 수 있지만, 언젠가는 다른 의학적인 도구들과 마찬가지로

③ 3문단 3~4번째 줄을 통해 글쓴이는 ㉠으로 인해 더 나은 능력을 가진 인간이 나타나더라도 그 전과 완전히 다른 인간이 출현하는 것은 아니라고 생각함을 알 수 있으므로 적절하다.

[관련 부분] 유전자 강화로 더 나은 신체적·정신적 능력을 갖춘다 해도 그것이 전과는 완전히 다른 새로운 인간의 출현을 의미하지는 않는다.

2 논지 전개 방식

정답 해설

① 제시문은 '기술'의 어원인 '테크네'의 뜻을 분명하게 밝혀 설명하고 있으므로 글의 주된 서술 방식은 ①'정의'이다.

오답 분석

② 비교: 서로 관련성이 있는 두 가지 이상의 대상을 견주어 공통점을 들어 설명하는 방식

③ 묘사: 대상을 그림 그리듯이 구체적이고 생생하게 진술하는 방식

④ 서사: 어떤 현상의 움직이나 변화, 사건의 진행 등을 시간의 흐름에 따라 설명하는 방식

3 세부 내용 파악

정답 해설

② 1문단 끝에서 1~2번째 줄을 통해 1980년에 언론 정화의 차원에서 다음 해부터 부록 발행을 중단하기로 결의하였음을 확인할 수 있으므로 적절한 내용이다.

[관련 부분] 1980년 10월에는 언론 정화의 차원에서 이듬해부터는 부록 발행을 중단하기로 결의하여

오답 분석

① 제시문을 통해 알 수 없는 내용이므로 적절하지 않다.

③ 1문단 2~3번째 줄을 통해 잡지사가 독자를 유인하거나 책값을 올리기 위해 부록을 발행했음을 확인할 수 있으나, 더 많은 정보를 제공하기 위해 발행한 것인지는 알 수 없으므로 적절하지 않다.

[관련 부분] 부록 발행으로 독자를 유인하는 상황이 전개되었다. 여성지는 단행본과 함께 2~3종의 부록을 곁들여 임시로 책값을 올려 받는 사례까지 있었다.

④ 2문단 1~2번째 줄을 통해 신문사 발행 주간지가 번창하게 되면서 대중 오락지는 외설적인 내용을 많이 싣게 되었음을 확인할 수 있으나 발행이 중단된 것은 알 수 없으므로 적절하지 않다.

[관련 부분] 신문사 발행 주간지가 번창하면서 ~ 대중 오락지가 큰 타격을 입었다. 그 결과 대중 오락지들은 외설적인 내용을 많이 싣게 되었고

DAY 27

p. 80

1 ③ **2** ④ **3** ①

1 글의 구조 파악

정답 해설

③ 내용의 전개에 따라 바르게 배열한 것은 (라) - (가) - (나) - (다)이다.

순서	중심 내용	순서 판단의 단서와 근거
(라)	한옥에서 일어나는 다양한 풍경 작용의 배경 1: 물리적 골격	접속어나 지시어로 시작하지 않으면서 글의 중심 화제인 '한옥에서의 풍경 작용'을 제시함
(가)	물리적 골격의 세 가지 특징	키워드 '물리적 골격'의 특징: (라)에서 언급한 '물리적 골격'의 특징을 구체적으로 설명함
(나)	물리적 골격을 통해 한옥에 풍경 작용을 일으키는 방법	지시 표현 '이 세 가지 특징': (가)에서 언급한 '물리적 골격'의 세 가지 특징을 가리킴
(다)	한옥에서 일어나는 다양한 풍경 작용의 배경 2: 집을 둘러싼 외부 요소	키워드 '다음으로': 앞에서 설명한 '물리적 골격' 외에 한옥에서 일어나는 또 다른 풍경 작용의 배경에 대해 제시함

2 내용 추론

정답 해설

④ 3문단 3~4번째 줄과 4문단을 통해 스스로에 대한 의문이 들기 시작하면 자기 자신을 정확하게 보고 싶어 하는 욕구가 발생하여 자기에 관한 정보를 수집함을 알 수 있다. 따라서 스스로에 대해 의문이 들기 시작하면 자신에 관한 정보를 수집하려고 노력할 것이라는 추론은 적절하다.

[관련 부분]

- 혹시 내가 정말로 독단적인 것은 아닌가 하는 의문이 들 수도 있을 것이다.
- 누구나 이러한 상황이 닥치면 자기를 정확하게 보고 싶다는 욕구가 발생한다. 그 결과 주위 사람들에게 물어볼 것이다. 내가 정말 독단적이냐고. 이것이 자기에 관한 정보 수집 행동이다.

오답 분석

① 1문단 끝에서 1번째 줄을 통해 자기 개념이 불안정해지면 자기 인식 욕구가 강해짐을 알 수 있다. 이를 미루어 보아 자신에 대해 정확히 알고 있는 사람은 자기 인식 욕구가 약할 것임을 추론할 수 있으므로 적절하지 않다.

[관련 부분] 자기 개념이 불안정해지면 자기 인식 욕구가 강하게 표출된다.

② 1문단을 통해 자기 개념이 주위 사람들의 평가나 반응에 따라 흔들릴 수 있으나, 4~5문단을 통해 자기 개념이 흔들리면 주위 사람들로부터 자신에 관한 정보를 수집하여 자기 개념을 안정시키는 것을 알 수 있다. 이를 미루어 보아 자기 개념을 안정시키기 위해 주변 사람들의 반응을 무시할 필요가 있다는 추론은 적절하지 않다.

[관련 부분]

- 자기 개념이란 ~ 주위의 평가에 따라, 혹은 자기 생각의 변화에 따라 얼마든지 바뀔 수 있다. 또한 주위 사람들이 반응에 따라 일시적으로 자기 개념이 흔들리는 경우도 있다.
- 주위 사람들에게 물어볼 것이다. 내가 정말 독단적이냐고. 이것이 자기에 관한 정보 수집 행동이다. / 친구에게서 "누가 그래? 이상한 사람 아냐? 네가 얼마나 합리적인데"라는 말을 듣는다면 자기 개념이 분명해져서 자기 인식 욕구는 사라지거나 약화된다.

③ 제시문을 통해 추론할 수 없는 내용이다.

3 주제 및 중심 내용 파악

정답 해설

① 1문단에서 개인과 국가가 역사를 배우거나 연구하는 이유는 과거보다 현재와 미래를 더 낫게 하기 위함이나, 이로 인해 다른 개인·국가의 이익과 상충될 수 있음을 밝히고 있다. 따라서 역사를 통해 더 낫게 만들고자 하는 대상은 전체 인류 사회로 확대되어야 함을 뒷받침하기 위해 2문단에서는 개인이나 국가 중심으로 역사를 배우거나 연구함으로써 일어난 부정적인 사례를 제시하고 있다. 따라서 제시문의 주장으로 가장 적절한 것은 ①이다.

오답 분석

②④ 제시문을 통해 확인할 수 없는 내용이므로 글의 주장으로 적절하지 않다.

③ 1문단 1~2번째 줄을 통해 역사를 쓰고 배우는 목적은 미래를 현재보다 더 낫게 하기 위한 것임을 확인할 수 있으나, 역사를 통해 미래를 예측해야 한다는 내용은 언급되지 않았으므로 주장으로 적절하지 않다.

[관련 부분] 역사를 왜 쓰고 가르치는가. 과거를 알아서 현재를 과거보다 낫게 하고 또 미래를 현재보다 더 낫게 하는 데 그 목적이 있다.

DAY 28

p. 83

1 ② **2** ③ **3** ④

1 내용 추론

정답 해설

② 제시문은 현대 기술 문명에 대한 하이데거의 입장을 설명하고 있다. ㉠'고향', ㉢'들길', ㉣'떡갈나무'는 현대 기술 문명에 대비되는 긍정적인 의미를 나타내고 ㉡'에너지원', ㉤'물질적인 풍요'는 현대 기술 문명을 상징하는 것으로 부정적인 의미를 나타낸다.

2 세부 내용 파악

정답 해설

③ 2문단을 통해 무세이온이 수많은 연구원과 장서를 통해 서양 학문의 기원을 이루게 되었음은 알 수 있으나, 무세이온의 연구원들이 공로를 인정받아 특권 계급이 될 수 있었다는 내용은 제시문에서 확인할 수 없다.

[관련 부분] 세계의 십자로로 알려진 알렉산드리아의 학술 연구소이자 도서관인 무세이온(museion, 기원전 280년경 설립)은 수백 명의 연구원과 수십만 권의 장서로써 학문 연구와 저작 활동을 통해 서양 학문의 한 기원을 이루었다.

오답 분석

① 3문단 끝에서 2번째 줄을 통해 알 수 있다.
[관련 부분] 문자 및 지식과 학문은 그 자체가 권력이었으며

② 3문단 끝에서 1~4번째 줄을 통해 알 수 있다.
[관련 부분] 생산 노동에 종사하는 절대 다수의 일반 서민층은 가정 내 혹은 일터에서 사회적 관행을 따르거나 일을 배우는 교육만을 받았다.

④ 1문단 1~4번째 줄을 통해 알 수 있다.
[관련 부분] 고대 사회는 학식자를 받들어 문화, 즉 학문·예술·종교를 포함한 인간의 상징 세계를 창출하고 전달하는 보존 시설을 낳기에 이르렀다. 대표적인 예로 ~ 비잔틴과 인도의 학교, 이슬람 세계의 코란 학교, 메소포타미아의 사원 학교 등을 들 수 있다.

3 글의 구조 파악

정답 해설

④ (다) - (나) - (라) - (가)의 순서가 가장 자연스럽다.

순서	중심 내용	순서 판단의 단서와 근거
(다)	원숭이가 글루밍을 하는 것처럼 사람도 말로 글루밍을 함	지시 표현이나 접속어로 시작하지 않고 '글루밍'이라는 화제를 제시함
(나)	글루밍을 하는 원숭이의 무리가 크지 않은 것처럼 사람도 많은 사람과 진정한 관계를 맺는 것은 쉽지 않음	키워드 '글루밍': (다)의 내용에 이어서 '글루밍'에 대해 추가로 설명함
(라)	오늘날 인간관계가 넓어지면서 사람들은 자신의 감정을 털어 놓거나 자신의 마음을 알기가 어려워짐	접속어 '그럼에도': 많은 사람과 관계 맺기가 쉽지 않다는 (나)와 상반된 내용이 이어지므로 (나) 뒤에 오는 것이 적절함
(가)	자신의 감정대로 행동하지 못하는 현대인은 감정 노동에 시달림	키워드 '감정 노동': (라)에서 언급한 넓어진 인간관계로 인한 감정 문제가 발생하는 이유를 설명함

DAY 29 p. 85

1 ② **2** ② **3** ④

1 내용 추론

정답 해설

② 3문단 끝에서 3번째 줄에서 생물 노화 기술로 인해 노인이 기득권을 누리며 일터를 점령할 것이고 이에 따라 노동 시장에 젊은 사람들이 진입하기 어려워질 것이라고 하였으므로 결과적으로 노동 시장이 고착화될 것임을 추론할 수 있으므로 적절하다.

[관련 부분] 노인들이 기득권을 누리며 일터를 점령하면 노동 시장에 젊은 사람들이 진입하기 어려워진다.

오답 분석

① ③ 제시문과 관련 없는 내용이므로 추론할 수 없다.

④ 1문단 1번째 줄과 3문단 3~4번째 줄에서 생물 노화 기술이 수명을 연장시켜 노인 인구가 급증한다고 하였으므로 생물 노화 기술이 적용된 사회는 더욱 고령화될 것임을 추론할 수 있다. 따라서 ④의 추론은 적절하지 않다.

[관련 부분]

- 생물 노화 기술(biogerontechnology)은 인간의 생물학적 노화 과정을 연구하여 평균 수명을 연장하고
- 수명이 연장되고 질병으로부터 해방된 건강한 노인 인구가 급증하여

2 주제 및 중심 내용 파악

정답 해설

② 제시문은 사랑은 체험과 경험을 통해 깨닫는 것이며, 사랑의 깊이와 높이를 알기 위해서는 진정한 사랑을 체험해야 함을 설명하고 있다. 따라서 글의 중심 내용으로 가장 적절한 것은 ②이다.

[관련 부분]

- 사랑은 ~ 체험과 경험의 내용을 반성하거나 회상해 봄으로써 깨닫게 된다.
- 사랑의 깊이와 높이를 알기 위해서는 진정한 사랑을 체험하지 않으면 안 된다.

오답 분석

① 제시문에 언급되지 않은 내용이므로 글의 중심 내용으로 적절하지 않다.

③ 3문단 2~3번째 줄을 통해 사랑을 주고받는 것이 인간적 삶임을 알 수 있으나 글 전체의 내용을 포괄하지 못하므로 적절하지 않다.

[관련 부분] 사랑도 주면서 받도록 되어 있는 것이다. 그리고 그것이 인간적 삶인 것이다.

④ 2문단에서 우리는 폭넓고 진정한 사랑을 체험해 본 공자, 석가, 예수와 같은 사람들을 존경한다고 설명하나, 누군가를 존경함으로써 폭넓은 사랑을 할 수 있는지는 제시문을 통해 알 수 없다.

[관련 부분] 폭넓은 사랑을 해 본 사람이 풍부한 삶을 갖도록 되어 있으며, 사랑의 깊이와 높이를 알기 위해서는 진정한 사랑을 체험하지 않으면 안 된다. 우리는 그 대표적인 인물로 공자, 석가, 예수 같은 사람을 존경하는 것이다.

3 세부 내용 파악

정답 해설

④ 1문단 1번째 줄과 2문단 1번째 줄을 통해 인간이 동물을 도구적 관점으로만 대하고 있음을 알 수 있으나 이러한 관점에서 벗어나 동물의 권리를 보장해야 한다는 내용은 언급되지 않았으므로 글의 내용으로 적절하지 않다.

[관련 부분]

- 동물에 대한 도구적 관점은 인간의 영혼 깊숙이 스며 있다.
- 동물을 바라보는 우리의 시선은, 노예에 비할 수 없을 만큼 훨씬 도구적 관점이 깊이 물들어 있다.

오답 분석

① 1문단 끝에서 1~2번째 줄과 2문단 끝에서 2~3번째 줄을 통해 알 수 있다.

[관련 부분]

- 물론 노예와 마찬가지로 동물도 분명히 효용이 있다. 동물은 여러 방식으로 좋은 도구가 된다.
- 동물의 가치는, 인간을 위해 무엇을 해줄 수 있는가에 따라 결정될 뿐이다.

② 2문단 4~5번째 줄을 통해 알 수 있다.

[관련 부분] 동물의 '목적', 즉 동물이 기획된 이유 자체가 인간의 욕망을 충족시키기 위한 것이라고 믿는 것이다.

③ 2문단 2~3번째 줄을 통해 알 수 있다.

[관련 부분] 사실상 다른 방식으로 동물을 인식하기란 매우 어렵다. 이기심에 따라 뒷받침되는 인간의 전통과 습관의 힘 때문이다.

DAY 30

p. 87

1 ① 2 ③ 3 ④

1 내용 추론

정답 해설

① 3문단 끝에서 2~3번째 줄을 통해 문자로 기록된 지식 없이 구전(口傳)에만 의존하는 집단은 발전하지 않는다는 것을 알 수 있다. 이를 미루어 보아 집단이 발전하기 위해서는 문자가 필요조건임을 추론할 수 있다.

[관련 부분] 문자로 기록된 지식이 없이 오로지 구전(口傳)에만 의존하는 집단이 발전되지 않은 상태로 남아 있는 까닭도 바로 여기에 있다.

오답 분석

② 제시문과 관련이 없는 내용이다.

③ 2문단 2~4번째 줄을 통해 인간은 말(언어적 표현)뿐만 아니라 표정, 몸짓(비언어적 표현)을 통해 의사소통함을 알 수 있으나, 언어적 표현과 비언어적 표현 중 어느 것을 더 신뢰하는지의 여부는 제시문에 언급되어 있지 않은 내용이므로 추론할 수 없다.

[관련 부분] 실제로 일상생활을 영위하는 가운데 벌어지는 의사소통은 오로지 말에만 의존하지 않는다. 표정, 몸짓 등이 상당 부분을 차지한다.

④ 3문단의 2~3번째 줄을 통해 독서 과정 중 의식적으로 생각을 하지 않으면 배우는 지식의 양이 적을 것임을 알 수 있다. 따라서 독서 과정에서 사고가 자동적으로 이루어진다는 추론은 적절하지 않다.

[관련 부분] 만약 글을 읽고 그것을 자신의 머리로 생각하는 일을 곁들이지 않는다면 우리가 평생 배우게 되는 지식은 그리 많지 않을 것이다.

2 세부 내용 파악

정답 해설

③ 1문단 끝에서 1~3번째 줄을 통해 사람들이 가치를 저장하는 수단으로 고액권을 선호하고 고액권일수록 시중에 유통되지 않으므로 평균 수명이 길다는 것을 알 수 있다.

[관련 부분] 고액권일수록 평균 수명이 길다. 그 이유는 가치의 저장 수단 기능과 밀접하게 관련이 있다. 사람들이 가치를 저장하는 수단으로 고액권을 선호하므로 고액권일수록 시중에 유통되지 않고 집 안에 고이 보관하기 때문이다.

오답 분석

① 2문단 1번째 줄과 2문단 3번째 줄을 통해 알 수 있다.

[관련 부분]

- 돈은 가치를 저장하는 목적에서 볼 때, 별로 좋은 수단이 아니다.
- 돈의 가치는 불어나지 않는다. 오히려 인플레이션으로 인해 줄어든다.

② 1문단 1~2번째 줄을 통해 알 수 있다.

[관련 부분] 사람들은 여러 가지 수단으로, 예를 들어 주식, 채권, 부동산, 금 등 자신이 선호하는 방식으로 부를 보유하고 축적한다. 돈은 그 수단들 가운데 하나다.

④ 3문단 1~2번째 줄을 통해 알 수 있다.

[관련 부분] 사람들이 여전히 돈을 선호하는 이유는 일상생활에서 거래를 할 때 교환의 매개 수단으로 유용하게 쓸 수 있기 때문이다.

3 글의 구조 파악

정답 해설

④ (가)~(다)에 들어갈 접속 표현으로 적절한 것은 '다시 말하면 - 또한 - 따라서'이므로 답은 ④이다.

- (가): (가)의 앞에는 미시 경제학의 연구 방법과 대상을 포함한 개념이 제시되고 (가)의 뒤에서는 그 내용을 구체적으로 풀어서 설명하고 있다. 따라서 (가)에는 앞의 말을 바꾸어 다시 말하는 접속 표현인 '다시 말하면'이 들어가는 것이 적절하다.
- (나): (나)의 앞에는 신제품 출시 이전의 시장 조사에 대한 설명이 제시되고 (나) 뒤에서는 판매된 제품의 시장 조사에 대한 내용이 이어지고 있다. 따라서 (나)에는 앞과 뒤의 내용을 동등한 자격으로 나열하여 이어주는 접속 부사 '또한'이 들어가는 것이 적절하다.
- (다): (다)의 앞뒤에는 시장에서의 상호 작용이 시장 가격을 중심으로 이루어지기 때문에(원인) 미시 경제학에서는 시장에서의 가격 결정 원리가 중요하다(결과)는 내용이 제시되고 있다. 따라서 (다)에는 앞에서 말한 일이 뒤에서 말할 일의 원인, 이유, 근거가 됨을 나타내는 접속 부사 '따라서'가 들어가는 것이 적절하다.

MEMO